孩子最爱看的法律故事　小学篇

失败的营救计划

最高人民检察院 / 策划

王振友 / 著

中国检察出版社

图书在版编目（CIP）数据

失败的营救计划 / 王振友著. — 北京：中国检察出版社，2020.12
ISBN 978-7-5102-2354-9

Ⅰ.①失… Ⅱ.①王… Ⅲ.①法律课－小学－课外读物 Ⅳ.① G624.103

中国版本图书馆 CIP 数据核字（2019）第 256219 号

失败的营救计划
王振友 著

出版发行：	中国检察出版社
社　　址：	北京市石景山区香山南路 109 号（100144）
网　　址：	中国检察出版社（www.zgjccbs.com）
编辑电话：	（010）86423703
发行电话：	（010）86423726　86423727　86423728
	（010）86423730　86423732
经　　销：	新华书店
印　　刷：	北京联合互通彩色印刷有限公司
开　　本：	880mm×1230mm　32 开
印　　张：	6.125
字　　数：	77 千字
版　　次：	2020 年 12 月第一版　2024 年 5 月第三次印刷
书　　号：	ISBN 978-7-5102-2354-9
定　　价：	26.00 元

检察版图书，版权所有，侵权必究
如遇图书印装质量问题本社负责调换

前言

未成年人朋友,你们的生活充满温暖的阳光,你们的成长伴随欢快的笑声,你们的脸庞展露天真的模样。父母关心着你们,师长关怀着你们,社会关注着你们,因为你们是我们大家的宝贝!

但是,生活并不总是阳光灿烂、和风细雨,违法犯罪就像天空中偶尔飘过的阴霾,给一些未成年人本应亮丽的人生投下几分暗影。有的未成年人因冲动去伤害他人,因好奇而窃取财物，因义气而结伙打架，在懵懂间违法犯罪，受到法律的严厉制裁。有的未成年人则成为违法犯罪行为的受害者，稚嫩的身心受到深深的伤害。无论是违法犯罪还是受到不法侵害，这些未成年人都是不幸的，让人感到惋惜和心疼。

为了减少这些不幸的发生，需要大家了解一定的法律知识，树立法治意识！法律在我们每个人身边，既是规范我们行为的标准，也是保护我们权利的武器。在开始成熟的花季里，你们要学法、守法，拒绝实施或参与各种违法犯罪活动；你们要知法、用法，增强保护自己的能力。

我们是检察官，是未成年人的朋友，保护大家是我们的职责。今天，我们把与未成年人有关的法律知识、自护技巧汇编成这样一本本小书，把法律送进校园，送到你的身边，希望对你有所帮助，伴随你长大成人！

最高人民检察院第九检察厅

给小读者的寄语

亲爱的小读者们，非常高兴你们能看到《孩子最爱看的安全故事》和《孩子最爱看的法律故事》这两套书。作为作者，之所以会写这两套书，并非一时兴起，而是因为我们发现现在市面上针对未成年人小读者们的普法书籍实在是太少，偶有一些，也往往流于形式，且多偏于生硬说教，直接影响了小读者们对法律知识的探究热情。那么，能否把理性复杂的法律知识和安全知识写得生动有趣，让小读者们不忍释卷呢？在这种想法的激励下，围绕"铁三角"——小灵通（马勇凌）、门墩儿（孟家栋）、竹子（安雨竹）展开的，将安全知识和法律知识融入学校、生活的故事丛书就诞生了。

《孩子最爱看的安全故事》和《孩子最爱看的法律故事》两套书各分为小学、初中和高中三个阶段。安全故事用"铁三角"经历的一系列紧急或危险事件，让小读者们在环环相扣的故事情节中，形成自我保护意识，学会预防侵害措施和及时自救方法。法律故事用"铁三角"身边发生的法律问题，将与未成年人息息相关的法律常识巧妙地融入生活，为小读者们打开了解法律的一扇窗。如果你是个有探索精神和求知欲的小读者，我们还精心准备了"检察官提示"和"法条链接"等拓展知识，以及日语和围棋等趣味知识。

发生在小灵通身边或搞笑或惊险的故事，一定会让你们轻轻松松爱上阅读，爱上法律。希望各位小读者们能够在这些贴近实际、妙趣横生的法律故事和安全故事中有所启迪，平安快乐度过每一天。

最后，感谢最高人民检察院第九检察厅（未成年人检察厅）对本书法律知识的专业审定，也感谢北京市海淀区建华实验学校王景彬同学从读者的角度提出的很好的建议。

王老师

2020年初夏

第一章	社会实践	001
第二章	绝境	011
第三章	上锁的冰箱	023
第四章	黑云压城	033
第五章	罚站风波	043
第六章	"曲线救国"	055
第七章	默默守护	063

第八章　抓住他　　　　075

第九章　竹子的秘密　　089

第十章　病从口入　　　101

第十一章　因祸得福　　111

第十二章　孔雀蔫了　　125

第十三章　破碎的心　　139

第十四章　乌龙球　　　151

第十五章　家学渊源　　161

第十六章　逃出生天　　173

本书主要出场人物简介

马勇凌：本书男一号，绰号小灵通，11岁，小学五年级。头脑聪明，性格略有些早熟，学习成绩不错，有时会犯马虎，努力程度一般。

孟家栋：本书男二号，绰号门墩儿，11岁，小灵通的发小，同班同学。身材魁梧健壮，头脑比肌肉略差一些，成绩较差。体育尖子生，校足球队主力后卫。

安雨竹：本书女一号，11岁，昵称竹子，小灵通的好朋友，同班同学。学习成绩优秀，缺少艺术细胞。性格偏内向，冷静、遇事不慌乱，与小灵通、门墩儿并称"铁三角"。

爸爸：大名马识途，职业是检察官，担任市检察院刑检部门主任，检察业务过硬，工作繁忙。

叔叔：大名马千里，爸爸的双胞胎弟弟，俩人长得几乎一模一样，职业是特警。一直单身，视小灵通为己出。

妈妈：大名李蕾，职业是编辑，性烈如火，嫉恶如仇。勤俭持家，是一位优秀的母亲和贤内助。有时过于节俭，烹饪技术欠佳，路痴。

马小二：一只哈士奇，小灵通家的宠物犬，外形漂亮。

梅老师：女，40岁左右，小灵通的班主任兼语文老师，很受学生尊重。

罗老师：男，35岁左右，数学老师。对待学生苛刻，喜欢刁难学生。

胡一波：绰号广播，男孩，11岁，小灵通的同班同学，家境富裕。班级许多小道消息的主要来源。

叶雨阁：昵称格格，女孩，11岁，小灵通的同班同学，班长，家境不错。学习成绩优秀，性格有些骄傲。

外公、外婆：家住城郊农村，疼爱小灵通。小灵通暑假经常去外公外婆那里体验田园生活。

9月中旬的某天深夜，天已微凉，市郊外一座偏僻的旧楼房，在第五层某个无人居住的房间里，有三个孩子被捆得跟粽子一样，躺在冰凉的地板上。其中有个孩子发出了一声呻吟，慢慢苏醒过来，这就是我们的小主人公——小灵通。

有小读者说了，不用看，其他两个孩子，肯定一个是竹子，另一个是门墩儿了，怎么仨孩子上学上得好好的，被捆到这里了？别不是和广播一样，被绑架了吧？那也不对啊，哪有一口气绑架仨的？难道绑匪是从安定医院①跑出来的？放弃治疗了？

---

① 安定医院是北京最为著名的精神专科医院，主治各类精神病。

004 | 失败的营救计划

［广播被绑架的故事，请参看本系列丛书《为什么倒霉的总是我》］

这个就说来话长了，让我们从头慢慢讲起吧。

快乐的暑假在同学们恋恋不舍的心情中结束了。小灵通再次回到了熟悉的同学们身边。现在，他们已经是小学六年级的学生了。

开学第一个班会上，梅老师宣布，鉴于目前我国中小学校开展素质教育的需要，今年开学第一项学生工作就是组织高年级同学们开展社会实践活动，通过各种方式去调查、了解我们的社会，不能总是让学生们在家庭—校园两点一线往返，这样才能更好地促进学习。至于调查内容可以自选，利用本周和下周两个周末的时间完成，同学们可以自由分组，互相配合。

不过，梅老师强调，这次是社会实践，不是组织大家学习雷锋做好事，不允许再出现三年级那次马勇凌、孟家栋、胡一波同学的情况。听到这句话，大家哄堂大笑，竹子听得莫名其妙，不知道这三位以前犯啥错误了。

课间小灵通讪讪地告诉竹子，那次活动他们三个洋相出大了，活动内容倒是挺简单的，就是做好人好事，从身边做起。结果呢，第二天梅老师问小灵通做了哪些好事？小灵通响亮地回答："我搀扶了一位老奶奶过马路。"梅老师点点头，然后问门墩儿。门墩儿回答："我帮助马勇凌同学，搀扶一位老奶奶过马路。"梅老师有点纳闷，还是接着问广播。广播说："我帮助马勇凌、孟家栋同学，搀扶一位老奶奶过马路。"

梅老师不高兴了，心说哪有三个人一起搀扶老奶奶过马路的道理？于是告诫同学们没做好人好事没关系，但是不能说谎。小灵通、门墩儿、广播一起举手，站起来说："梅老师我们没说谎，因为那位老奶奶根本不想过马路，我们三个费了好大劲儿，好不容易才把她搀过去。"

  这次社会实践，同学们选择调查的内容可以说是五花八门。小灵通、竹子和门墩儿三个组成一组，用门墩儿的话说，从此他们三个就是"铁三角"了。铁三角大胆选择了调查内容：调查一位每天在学校附近的商业区乞讨的流浪儿童，这位流浪儿童年龄与他们相仿，刚来这里乞讨不久。铁三角想通过调查访问，弄清楚他为什么会流浪，乞讨是他为了生存迫不得已的选择吗？对于这些流浪儿童，社会可以为他们做一些什么？

  周末到了，铁三角穿戴整齐，收拾得跟小记者似的，竹子还特意拿了支录音笔，装好了新电池。只是门墩儿有点小麻烦，头天晚上他帮妈妈做饭不小心切伤了手，现在还贴着创可贴，临走前他妈妈往他兜里塞了瓶云南白药以防万一。

上午九点钟，三个人意气风发地来到商业区，那个衣衫褴褛的流浪儿童也准时到了——他来本市三四个月的时间了，每天都来这里乞讨。时间很有规律，每天早上九点准时到这里，找个人来人往的、非常显眼的地方铺一块脏兮兮的白布，然后跪在上面，面前放一个破破烂烂的搪瓷缸子，整整一天，一言不发，就是一个人孤零零地跪在那里。有好多逛街或者路过的市民看着心疼，就往他的搪瓷缸子里面扔些零钱，他会磕个响头，说声谢谢叔叔阿姨或爷爷奶奶之类的话（因为这个原因，铁三角知道他不是聋哑人）。下午六点钟他就准时收拾东西离开，如果是周末的话，则是七点钟离开。

这次调查一开始就卡了壳，怎么才能接近并采访他呢？仨人之前谁也没计划个采访流程之类的东西，跟真正的记者比，一出场就露怯了。仨人大眼瞪小眼了半天，小灵通决定碰碰运气，走过去往他的搪瓷缸子里面放了十元钱（小灵通心疼得吐血，寻思着这钱得仨人一起出，不能光坑他一个），小乞丐眼睛一亮，路人大多给他一元两元的零钱，一次给他十元钱的可不多。他满脸感激的神色，向小灵通咚咚咚地磕了三个响头，说谢谢哥哥。小灵通心想这不挺顺利吗？好的开始是成功的一半。

然后呢？没有然后了。小灵通自以为得到了小乞丐的信任，可以跟他攀谈攀谈，结果不管跟他说什么，例如问他叫什么？从哪里来？家住哪里？父母是谁？为什么离家乞讨？承诺愿意为他回家提供帮助……小乞丐一律一言不发，把小灵通晾在一边，无视他的存在。可怜小灵通跟他说了半个多钟头，费尽口舌，嘴皮子都快磨破了，腿也蹲麻了，仍然一无所获。

看到小灵通揉着腿灰溜溜地一瘸一拐回来，门墩儿和竹子面面相觑，他俩显然也没啥好办法。既然没啥办法打开小乞丐的话匣子，又不能就这么浅尝辄止，半途而废，那么只剩一个办法了——等。等等看，看看会不会有什么转机。仨人找个树荫坐下来，买了点面包、矿泉水，就跟小乞丐隔着半条街耗上了。

　　这一等，就等到了天色擦黑，一看表都六点多了。还好三个人在一起说说笑笑并不寂寞，只见对面小乞丐就一直那么跪着，一天连一口东西都没吃。竹子实在有些心疼，就买了一袋面包、两根火腿肠和一瓶矿泉水走过去递给他，他接过去后磕了个头，说谢谢姐姐，四下望望，这才狼吞虎咽地吃起来。这时小灵通看到竹子挥手招呼他们俩过去。

他们走过去后，竹子劈面就向孟家栋要云南白药。原来，刚才小乞丐伸手接下吃的东西时，竹子眼尖，从他伸出的手腕处看到了好几条伤痕，有些伤都化脓了。门墩儿一听，他劲儿大，一把抓住小乞丐的胳膊，捋起他的袖子，只见他胳膊上密密麻麻地布满了伤痕，好多地方都化脓了。竹子看得眼圈红红的，差点没哭出来。

　　小乞丐挣脱了门墩儿，面无表情地接着吃东西。门墩儿掏出云南白药，小灵通赶紧去旁边的药店买了些绷带和生理盐水来。三个人按住小乞丐，帮他处理好伤口，上好药，用光了整整一瓶云南白药。渐渐地，小乞丐看他们的眼神柔软起来。

失败的营救计划

小乞丐终于开口了,不过语气仍然冷冰冰的:"离我远一些,这样对大家都好。"抬头一看广场的大钟已经七点了,小乞丐站起身来收拾他乞讨的东西,转身离开了。

竹子和门墩儿愣在那里,在琢磨明天是继续过来,还是干脆换个调查内容。转头一看小灵通笑得贼兮兮的,只见他一举手机说,"想啥呢?跟我走吧"。

原来,小灵通以前从叔叔那里见到过一种特殊的追踪器,才纽扣大小,可以发出信号,用经过设置的手机可以显示追踪器所在的位置。这东西早就被淘汰好多年了,叔叔执行任务也用不到,抽屉里面丢着好几个。小灵通趁叔叔不注意拿了几个,今天正好派上了用场——刚才他顺手往小乞丐的包里塞了一个。"哈哈,我可真是个小机灵鬼儿啊。"

要说小灵通这回脑袋又短路了,在没通知家长和老师的情况下,私下里跟踪这位流浪儿童,风险可太大了。

检察官提示

这里非常有必要强调一下，本书故事情节纯属虚构。现实中，如果小读者遇见类似情况，千万不要去跟踪、窥探，以免对自己的人身安全造成威胁甚至损害。我们相信各位小读者心中都有正义感，但是这个社会非常复杂，很多事情是未成年人根本无法处理的，可以告诉信任的成年人或相关职能部门来处理。

铁三角跟踪小乞丐走了好久，一直走到学校东边挺远的城乡接合部，远远地只见小乞丐走进一间破旧的不起眼的平房。仨人也跟了过去，躲在门外听里面的动静。听着听着，仨人一个个面如土色，竹子更是快吓哭了。

小乞丐这件事情可没有他们想象得那么简单，

原来这些流浪儿童背后有一只黑手，这是一个有组织的犯罪团伙。这个团伙通过各种渠道收养十岁左右的孤儿或者弃婴，以及威逼利诱一些离家出走的孩子加入，然后通过种种手段控制这些孩子，强迫他们乞讨挣钱，有时也从事一些盗窃等违法犯罪活动。这些流浪儿童在他们手中受尽折磨，为什么今天一开始小乞丐不和小灵通三个人说一句话，就是因为白天有人远远地监视着他们，如果发现他和陌生人讲话，回去就是一顿毒打。曾经有人企图逃跑，但因为身上没有任何证件，也没有钱，根本跑不远，抓回来后被打得死去活来，所以他们也根本不敢逃跑。傍晚之所以小乞丐敢吃竹子给他的食物，是因为远远看到监视他的人不见了，估计是吃饭去了，他才大着胆子接受了好心人的帮助。

　　现在在屋子里面，小乞丐正被一个脸上有条刀疤的家伙拿皮带毒打，疼得他满地打滚，惨叫连连。因为他今天乞讨的钱数目不够，不光要挨打，晚饭也没得吃。

第二章 绝境

检察官提示

流浪乞讨儿童，在我国曾经是一种较为常见的社会现象，孩子们通常都是被成年人胁迫或操纵进行乞讨。近年来，他们的生存状况得到国家的日益重视。

目前，除了警方致力于打击此类犯罪活动以外，我国民间也有相当数量的公益组织和志愿者们致力于帮助流浪乞讨儿童寻找亲人，比如著名的"宝贝回家"网站和微博打拐行动。

最后，需要再次强调的是，**保证自己的人身安全，是未成年人面对犯罪行为时的首要原则**。各位小读者如果在现实中碰到类似情况，请选择报警，由警察叔叔来处理，千万不要像本书中铁三角那样以身犯险。

法条链接

《中华人民共和国未成年人保护法》

第五十四条（第三款）禁止胁迫、诱骗、利用未成年人乞讨。

《中华人民共和国刑法》

第二百六十二条之一 以暴力、胁迫手段组织残疾人或者不满十四周岁的未成年人乞讨的，处三年以下有期徒刑或者拘役，并处罚金；情节严重的，处三年以上七年以下有期徒刑，并处罚金。

第二百六十二条之二 组织未成年人进行盗窃、诈骗、抢夺、敲诈勒索等违反治安管理活动的，处三年以下有期徒刑或者拘役，并处罚金；情节严重的，处三年以上七年以下有期徒刑，并处罚金。

第二章 绝境

听到这些令人惊心动魄的黑幕，小灵通发现自己浑身哆嗦，他举起右手，僵硬地比划了个手势。三个人猫着腰，一点儿声也不敢出地向来时的路退去。眼看快离开平房了，"砰"的一声，门墩儿不慎碰掉了一个放在架子上的破旧花瓶。

铁三角没有任何悬念地被那个犯罪团伙的马仔轻松捉到了。竹子吓得大哭，哭得是梨花带雨。门墩儿勉强还能屹立不倒，但是两条抖个不停的腿彻底出卖了他。小灵通呢？甭提了，面对歹徒，哆哆嗦嗦得话都说不出来了。

马仔们也有点惊讶，一看居然是三个孩子，不用想，肯定不能是警察派来的人——中国警察确实一直饱受警力不足的困扰，不过再困扰，也不能派十几岁的孩子来办案吧？但是也不能就这么放了他们啊，于是马仔们纷纷挠头，不知道怎么处理他们好。

有个马仔说要不也接收他们入伙得了，还能壮大队伍。竹子一听哭得声音更大了。那个脸上有条刀疤的家伙看来是他们的小头头，一记响亮的耳光向那个马仔扇过去。"你傻了，这仨孩子一看就是本地人。入伙？入伙了你看得住他们吗？就算看得住，大街上还不让他们家亲戚认出来啊？"

另一个马仔说干脆勒索他们家长一笔钱得了，刀疤脸又一耳光过去。"咱们干的是啥自己不清楚吗？绑架这行，咱们不专业，懂不懂？"

又一个马仔说要不挖个坑把他们埋喽？一听这话，仨孩子一起放声大哭，嗓音都变调了，刀疤脸又是一耳光。"咱们身上还没背过人命呢，你这不是给咱们老大上眼药吗？"众马仔干脆沉默不语——给打怕了。

问题是，光打人没用啊，到底怎么处理这仨孩子呢？刀疤脸说："干脆捆起来扔到咱们那联络点，今儿个老大在市里喝酒，明天早上等老大回来再处置他们。"

于是，铁三角就被捆起来扔到了这里，由于他们都是孩子，歹徒多少有点麻痹大意，屋里没留个看守。加上这座楼属于那种等着拆迁的旧楼，零零星星没几家住户，附近也没有人烟，因此也没堵上他们的嘴。但是仨人手脚都被捆得特别紧，手被死死地反绑在背后，系的死扣，即使两个人背对背，也根本没力气解开。

歹徒们把小灵通、门墩儿身上仔仔细细搜了一遍，门墩儿兜里的小刀、钥匙啥的都被搜走了。只是在搜竹子时，竹子哭天抢地不让碰她，歹徒们看她是个小女孩，衣衫又单薄，看不出来藏了什么，就放过了她。

这个晚上，他们暂时没有生命危险，可是明天来临时，他们还能看到美丽的太阳吗？

外面夜色渐深，仨人都哭得累了，沉沉睡去。小灵通最先醒了过来，看着两个小伙伴，不由得再次流下眼泪，都怪自己莽撞大意，害得他们和自己一同以身涉险，如果世界上有卖后悔药的话，相信小灵通会不惜一切代价去得到它，可是……

看着睡得昏沉沉的门墩儿，小灵通心里默默地说："对不起了，我的好朋友，我从小玩到大的伙伴，好想再给你庆祝一次生日啊……"点点往事涌上心头。

第三章
上锁的冰箱

那还是一年多前的事情，四年级下半学期刚刚开学，那时竹子还没有转校到蓓蕾小学，小灵通也没碰上诸如差点被绑架、被高空花瓶砸到等一堆乌七八糟的烦心事。这天放学，小灵通和门墩儿俩人一边斗嘴一边往家里走。这对发小挺有意思，在一起没事就爱斗嘴玩，抓住对方话里一点语病就可着劲儿地埋汰对方。小灵通甚至有时想，他俩就是小区运动场里面那副双杠久经修炼成精了，他是左边那根，门墩儿是右边那根——俩人一对杠精。

竹子后来评价说，这俩家伙简直是国家一级抬杠运动员。

无奈门墩儿嘴皮子实在不大灵光，大部分"抬杠大赛"都以小灵通大获全胜告终，今天也不例外。小灵通得意洋洋地走进家门，马小二就扑到小主人身上大献殷勤，顺便为小主人叼来了一只拖鞋。

［关于马小二的"光荣事迹"，请参看本系列丛书《为什么倒霉的总是我》］

小灵通无奈地叹口气，单腿蹦着找到另一只拖鞋穿上，突然觉得屋里温度骤然降低，一股寒冷的气息从背后袭来。不用回头，根据自己十年来的经验判断，小灵通知道这是妈妈发飙的前奏。

妈妈今年三十多岁，还没到本命年，岁月并没有在她的脸上刻下什么痕迹。当年妈妈大学毕业没多久，就经单位同事介绍认识了爸爸，两个人一见钟情，相识半年后就幸福地举办了婚礼。十多年来，爸爸为了自己的事业呕心沥血，小灵通也在磕磕绊绊中不断长大，这些都离不开妈妈无微不至的照顾，为了这个家，妈妈可以说是奉献了自己的一切。

第三章 上锁的冰箱

爸爸后来在锡婚纪念日①动情地说,妈妈是这个家最大的功臣,像鲁迅笔下的老黄牛,吃的是草,挤出来的是奶,小灵通也在一旁随声附和。结果爸爸还没抒发完感情,就被妈妈把话截住:"我这么漂亮,怎么能拿老黄牛形容呢?起码得是美人鱼这个级别吧?"

小灵通心说妈妈你也太不谦虚了吧!爸爸则背后偷偷跟小灵通说,"你妈妈这人哪儿都好,就是认知能力略有欠缺……"

妈妈这些年勤俭持家,的确非常不容易。爸爸是一名检察官,妈妈在出版社当编辑,夫妻二人工作虽然稳定,无奈收入实在不怎么样。爸爸一贯奉公守法,为官清廉,收入紧巴巴的自不待言,而妈妈单位效益也一直挺一般的,虽然不用发愁开不出工资,但是每月工资到手也只够勉强糊口而已。既然无法"开源",那就只好采取措施"节

---

① 即结婚十周年纪念日。

流"了。措施如下：

措施一：小灵通一直很奇怪，去别人家里玩，人家卫生间都是装一个淋浴的浴室，为何自己家里偏偏装了一个大浴缸？妈妈说，浴缸用过的洗澡水，可以用来冲马桶，节约不少水费呢。同样的道理，洗过菜，洗过手、脸的水可以用来拖地板。

措施二：家里每天晚上睡觉前，妈妈都把家里的各种电源插头一个个拔掉，因为这些电器待机时仍然会消耗不少电量。小灵通现在也养成了这个好习惯，每晚休息前不等妈妈督促，就自觉地将自己卧室里面的电源都拔了。

措施三：小灵通家虽然面积不大，不过户型挺好，南北通透，于是妈妈装了一扇带活门的防盗门，夏天只要打开窗户和活门，屋里就有习习的凉风，舒服极了，天气再热，最多也只是吹吹风扇，根本用不到空调。空调太耗电，因此妈妈根本就没装。

措施四：现在家家都有饮水机，虽说喝自来水也一样，不过本市的水质确实太差了，对身体不好。但是妈妈这次一反常态，居然买了一台带即时加热功能的饮水机，比普通的饮水机贵一倍呢。看到小灵通疑惑的眼神，妈妈告诉他，普通饮水机插着电源，时时刻刻都在耗电，而这种即时加热的，插上插头，不一会儿就能喝到热水，然后拔了热水就能保温一段时间，这样算来，电费又节约了不少。

措施五：小灵通家冰箱旁边挂着一个小本子，上面写了不少字。小灵通翻开一看，原来都是一些食物、饮料的名字，有些上面划了横线，莫非是妈妈使用的密码日记本？孩子的小心灵总喜欢胡乱展开联想。

爸爸在一边笑道，这本是妈妈专用的，把冰箱里面有什么东西都记下来，拿出一样勾掉一样，放进去一样记一样，这样可以不用打开冰箱就知道里面有什么，最大程度地减少开冰箱门的次数，省电。爸爸还说："你不知道，咱家冰箱有段时间是上锁的吧？"

小灵通听得一头雾水，难道妈妈把存折藏冰箱里面了？爸爸哈哈大笑："还不是你小时候淘气，没事总开冰箱门玩儿。有一回你妈单位发了个猪头当福利,你没事就开冰箱门揪猪耳朵玩儿,一个月下来电费多交了不少。我和你妈批评你也记不住,你妈干脆拿根铁链子和挂锁把冰箱锁上了,这才管住你玩冰箱的毛病,你还哭了好几回鼻子呢。"把小灵通臊了个大红脸。

本章中,小灵通的妈妈为了减少家庭开支,采取了很多节能措施,正好符合了低碳生活的要求。

低碳,英文为 low carbon,意指较低的温室气体(二氧化碳为主)排放。低碳生活可以理解为:减少二氧化碳的排放,低能量、低消耗、低开支的生活方式。"节能减排",不仅是当今社会的流行语,更是关系到人类未来的战略选择。

低碳提倡借助低能量、低消耗、低开支的生活

方式，把消耗的能量降到最低，从而减少二氧化碳的排放，保护地球环境，保证人类在地球上长期舒适安逸地生活和发展。

法条链接

《中华人民共和国民法典》

第九条　民事主体从事民事活动，应当有利于节约资源、保护生态环境。

时间久了，妈妈精打细算、会过日子的美名不说远近闻名，至少爸爸妈妈单位的同事们无人不知，都羡慕爸爸娶了个会过日子的媳妇。于是，妈妈单位有时采购东西也会"物尽其用"，让妈妈出面，保证价廉物美。不过偶尔也会闹出点笑话。

有一回，妈妈单位一位阿姨结婚，大家凑份子给她买份新婚礼物，这个光荣的任务自然交给了妈妈。结果妈妈在超市挑了半天，选中了一个非常漂亮、功能齐全、价格优惠的电饭锅，一回头正好看到那位阿姨也来超市购物，于是妈妈立即将电饭锅和同事们美好的祝福转达给了阿姨。看着阿姨瞪得跟包子一样大的眼睛，妈妈心说这同事也太腼腆了，一个电饭锅而已，至于这么感动吗？一边摇头感叹一边走出超市才反应过来，这电饭锅在超市里面还没付款呢，就这么直接塞给人家了……

　　因为这些年的贡献，在这个三口之家里，妈妈隐隐居于核心地位，有时候古装肥皂剧看多了，还动不动爱自称个"本宫""哀家"之类的。看到妈妈今天这副神情，小灵通心里咯噔一下想起件事来，心想坏了。

只见妈妈慑人的眼神直刺过来:"勇凌,哀家问你,你爸的羚羊木雕哪里去了?"小灵通反应也是极快,立即低头垂手:"回皇额娘……""少来这套,甭贫,快说!""哦,这个,老妈啊……""我老吗?""不……妈……那个木雕……"

原来,这个羚羊木雕是爸爸心爱的东西,那是三年前,爸爸一位大学时代的挚友从非洲回来探望他赠送的礼物。爸爸的这位挚友供职于我国最大的电信设备公司,长年驻扎在非洲,跟爸爸已是十年未见。那天晚上俩人把酒言欢,共同回忆大学时代的友谊,都喝高了。这个木雕是用非洲特产的黑木雕成,外形优美,线条流畅,让人一看就爱不释手。因为这个木雕的珍贵和纪念意义，妈妈在客厅摆放了一段时间就收起来珍藏了。每个来家里做客，看过这个木雕的人无不啧啧称赞。

门墩儿最喜欢这个木雕，有一次来玩，抱起来玩了半天，爱不释手。后来门墩儿爸妈告辞，领着他回家时，他还一步三回头，恋恋不舍呢。两边家长聊天，没注意孩子的神情，小灵通可看得清清楚楚。

这不，前几天是门墩儿十岁的生日，四年级的学生都是小大人了，小灵通一直琢磨着送个有纪念意义的礼物给自己的发小，当然礼物花费不能多。一方面俩人都是孩子，不能糟蹋父母辛辛苦苦挣来的钱；另一方面，想起妈妈勤俭持家的措施，小灵通估计从妈妈那里得到零花钱以外的东西恐怕比从老虎嘴里夺食都难。别人最多是只"铁公鸡"，好歹还能刮点锈下来，妈妈可是只不折不扣的"不锈钢公鸡"啊。

其实呢，自己亲手做个礼物是个不错的选择。

无奈小灵通虽然聪明，但是在手工上很不用心，从小到大，唯一会做的礼物就是风铃，从五岁时起年年生日礼物都给门墩儿送风铃。去年去门墩儿家玩，门墩儿床头挂满了自己送的风铃，叮铃铃地响。门墩儿特感动地说希望小灵通以后每年都送给他一个，一直到俩人退休，这样他就能挂满一房间了。

其实，门墩儿这话是希望俩人友谊长存，没别的意思。不过小灵通听得脸上一红，琢磨门墩儿是不是讽刺自己光送风铃了。

于是，"聪明"的小灵通脑袋又短路了，把主意一下子就打到了羚羊木雕身上。他毕竟还小，不了解这个东西的纪念意义，光知道这不是花钱买的，寻思着这个东西既然不花钱，估计妈妈不会反对送人，不过看妈妈没事就拿出来仔细擦干净，好像又不太可能同意送人的样子。思前想后，干脆先送了再说，找个机会跟爸爸妈妈说明白就是了。

门墩儿拿到羚羊木雕欢天喜地，抱起小灵通原地转了一大圈，小灵通好悬没被转晕了。

听完小灵通的"口供"，妈妈气得浑身哆嗦，手一举就奔小灵通冲来。小灵通吓得一把捂住眼睛，心说这回可开荤了，从小妈妈没动过自己一个指头，看来这次一顿皮肉之苦在劫难逃了。半天却不见巴掌落下，小灵通大着胆子从指缝偷看，见妈妈指点着自己，嘴一张一合，半天说不出话来，最后手往小灵通卧室门一指。小灵通明白，这是让自己回屋闭门反省，等候发落呢。

小灵通坐在自己床上，心里十五个吊桶打水——七上八下，这次自己犯了大错，不知道会受到什么样的惩罚。时间过得特别漫长，还好，没多久就听到屋门一响，爸爸回家了。

爸爸进门看到妈妈这个样子也吃了一惊，听完妈妈的控诉，爸爸略一思考，将妈妈拉到卧室，两口子关了门商量。小灵通便蹑手蹑脚，走到爸爸妈妈卧室门口，趴在门上偷听两位准备如何发落自己。

第四章　黑云压城

　　爸爸声音压得很低，但勉强还能听得清，首先安慰了妈妈一番（其实妈妈现在气也消得差不多了），然后狠狠批评了小灵通的行为（小灵通在外面听得脸色发绿），最后对妈妈说，孩子之间的友谊非常重要，木雕虽然珍贵，但毕竟只是个纪念品，自己和那位挚友的友谊也无须用一个木雕来表达，因此，没必要为此大动肝火，但是对小灵通一定要进行惩戒，毕竟这次是他有错在先，没告诉父母就自作主张。妈妈没出声，看来是默认了爸爸的意见。

　　小灵通忐忑不安地回到卧室，一会儿爸爸妈妈敲门进来，首先严肃地批评了他的做法，作为惩罚，小灵通要在接下来的一个月内承担洗碗和打扫厨房卫生工作，小灵通忙不迭地点头。然后，爸爸妈妈告诉他，既然木雕已经送给了门墩儿，那么希望他俩能把这份友谊好好保持下去，但是，下不为例。

检察官提示

中国是礼仪之邦，古语说得好：千里送鹅毛，礼轻情义重。其实，节日里或者同学们过生日时，同学之间发一条短信或一封电子邮件，就能表达祝福。

学生之间互相赠送一些小礼品增进友谊是可以理解的，也是能接受的，但是我们在这里建议各位小读者**不要相互攀比，随便乱花钱赠送贵重礼品**。保持勤俭节约的优良传统，自己动手制作学习贺卡和纪念品，就能体现自己的心意。

本章中，小灵通爸爸妈妈的做法就是非常得当的，他俩通情达理，为了维护小灵通和门墩儿之间的友谊，同意了小灵通的赠与行为。同时，通过给予小灵通适当的惩戒，可以避免他以后送朋友礼物价格、档次越来越高的局面。

最后，从法律上讲，小灵通将爸爸珍藏的羚羊木雕作为生日礼物赠送给朋友，明显与他的年龄状况不相符合，因此按照我国法律规定，这个赠与行为想要生效，必须征得他的法定代理人——监护人爸爸妈妈的同意。本章中爸爸妈妈事后追认了这一赠与行为，因此小灵通给门墩儿的赠与是有效的。

法条链接

《中华人民共和国民法典》

第十九条 八周岁以上的未成年人为限制民事行为能力人，实施民事法律行为由其法定代理人代理或者经其法定代理人同意、追认；但是，可以独立实施纯获利益的民事法律行为或者与其年龄、智力相适应的民事法律行为。

"好了，勇凌你要记住这次教训，还有自己的惩罚。夫人哪，勇凌也认错了，他正长身体呢，今晚就让他吃饭吧，我也饿了，请领导批示。"爸爸为小灵通求情。

"嗯，看他认错态度良好，也罢，哀家便赏了他晚饭吧。"妈妈傲娇地表示同意，俩人一个红脸儿一个白脸儿，这双簧唱得挺有水准。

"哦，这个，妈……"小灵通壮着胆子说，"今天我们历史老师刚讲了，过去皇后只有在皇帝去世后才自称'哀家'呢，拜托您下回甭这么说了，我们听着别扭。"

妈妈脸上一红："嘿，这孩子，还来劲了，老虎不发威你当我是Hello Kitty呢？"

第五章
罚站风波

回忆到这里，小灵通不禁发出一声轻笑，心想门墩儿差点儿害得自己饿了一晚上。记得羚羊木雕风波过后，就是那个獐头鼠目的叔叔上门向爸爸行贿，然后自己险些遭到绑架，又差点儿被人从高楼扔下的花瓶砸到，直到自己身体和精神都恢复好。恢复上课后的第一天，竹子就转校到蓓蕾小学，成为自己的同桌。

［上述故事，请参看本系列丛书《为什么倒霉的总是我》］

想到竹子，小灵通的目光再次柔软起来……

那是竹子刚转校的第一天，下午第一节课是数学课，却见上课前同学们一个个愁眉苦脸，远看上去脸色特别环保，一个个都绿了吧唧，跟学校的草坪一个色儿。

这是怎么一回事呢？原来之前四年级的数学老师请了产假回家生小宝宝去了，换了一位新来不久姓罗的男老师给同学们上课。这位老师的教学方法嘛，怎么说呢，颇为简单生硬，接近于填鸭式教学，同学们普遍感到很难接受。

例如，罗老师想让同学们记住知识要点，核心方法就是留作业，超级海量，搞不好要写到后半夜，而且难度极大。有一回妈妈辅导小灵通数学作业时气得把笔都摔了，嘴里嘟囔说这么难的题，别说十岁的孩子，九十岁的孩子也答不上来啊。——瞧，生生给气糊涂了。

同学们经常有让家长帮忙一起完成数学作业的，要不这一宿就甭想睡了。以至于有一回数学课下课，同学们一哄而散，有同学边跑边跟来接的家长说："快跑快跑，罗老师忘了留作业啦，别让他想起来，要不就完了。"

第五章 罚站风波

事实证明，同学们高兴得太早了，因为罗老师第二天留了整整两倍的作业。

上课铃响起，同学们愁眉苦脸地坐在座位上，只听教室门一响，面色阴沉的罗老师走进了教室。脸色难看到什么地步呢？仿佛是所有人都欠了他十万块钱的感觉。同学们在底下坐着大气都不敢喘一下，这段时间不知为何罗老师心情超级差，总无缘无故地拿同学们出气，上课有事没事就找同学们岔子，差不多每节课都得罚站三个同学呢，大伙一个个噤若寒蝉，生怕他再琢磨出啥新鲜花样"修理"同学们。

这不，正上着课，罗老师冷不丁地就把竹子叫起来了。他一看是张生面孔，心想正好给新同学来个下马威，就问竹子他上节课讲了哪些相关内容。

可怜竹子刚刚转校过来，今天是第一天上课，哪里知道罗老师上节课讲了什么东西。她又不善言辞，脸色憋得通红，僵在那里。

罗老师脸色一沉，抛开正课内容不讲，把竹子狠狠损了一顿，鼻子不是鼻子脸不是脸，末了来了一句:"这两节课你就站着听吧,下次长点记性。"竹子小脸通红,她没想到第一天上课就遇到这样的窘境,两只小手紧紧地捏着衣角,低着头,泪水在眼眶里面打转。

在我国,人们赋予教师人类灵魂工程师的美誉,要求教师以教书育人为己任。教师本应该是对学生,特别是新生和成绩较差的学生给予更多的帮助和鼓励,从而培养他们的自信心,让他们有阳光的心态去面对学习和生活。教师应该尽力教育学生,而不是无故批评学生、处罚学生。**在师生关系的塑造上,教师应该做好灵魂工程师的角色,任何与师德不合拍的言行都该收敛,无论教师本人出自何种原因。**

但是现实中有极少数教师像本章中的罗老师那样,存在体罚、羞辱学生的行为,这无疑将给学生们在心理上造成阴影。从这个角度来说，教师对学生的体罚、羞辱，其实是对教师职业的亵渎，也是违反《义务教育法》的行为。

法条链接

《中华人民共和国义务教育法》

第二十九条（第二款） 教师应当尊重学生的人格，不得歧视学生，不得对学生实施体罚、变相体罚或者其他侮辱人格尊严的行为，不得侵犯学生合法权益。

《中华人民共和国未成年人保护法》

第二十七条 学校、幼儿园的教职员工应当尊重未成年人人格尊严，不得对未成年人实施体罚、变相体罚或者其他侮辱人格尊严的行为。

旁边的小灵通可是看得清清楚楚，也不知道是哪里来的勇气，他举起了右手。罗老师愣了一下，下巴冲小灵通方向一扬，意思是有啥事快说。小灵通鼓起勇气，站起身来说："老师，首先，您体罚学生是不对的。再说，这位同学今天刚刚转校过来，她确实不知道您上节课讲了哪些内容。"

罗老师眼睛瞪得跟牛眼似的，嘴巴张开，像吞了整整一个鸡蛋，他万万没有想到还有学生敢于挑战他的"权威"，嘴巴一张一合，半晌才说出话来："好啊，马勇凌你觉得她有理是吧？你就陪着她站着吧。"同学们一个个低下头去，看也不敢看罗老师一眼。

这时，一个高高壮壮的身影站起来："罗老师，您每节课不是有仨罚站名额吗？我帮您补齐得了，省得您一会儿还得费心挑。"不用说，这肯定是门墩儿了。

同学们一片哄堂大笑，罗老师的脸都跟茄子一个色儿了。"孟家栋，反了你了！行，行，你们仨，都给我去走廊站着。晚上通知家长来领人，不深刻检查，你们仨统统开除！"

三个人面色不一地去走廊罚站了,底下好几个同学冲小灵通和门墩儿暗挑大拇指,也有不少同学窃窃私语,担心这三位和其他同学会有更多小鞋穿。不过几乎没人注意的是,竹子感激地望了小灵通一眼。

这里我们要谈一下,学校是否有权开除学生的问题。

未成年在校学生有依法接受教育的权利,特别是义务教育阶段的学生,学校是无权开除的。根据相关规定,学校不得违反法律和国家规定开除未成年学生。

本章中,小灵通和门墩儿确实违反了课堂纪律,但是情节很轻微,因此,学校无权开除他俩,罗老师的威胁是违反法律规定的。至于竹子,她完全没有违反课堂纪律的情形。

法条链接

《中华人民共和国义务教育法》

第二条（第一、二款） 国家实行九年义务教育制度。

义务教育是国家统一实施的所有适龄儿童、少年必须接受的教育，是国家必须予以保障的公益性事业。

第二十七条 对违反学校管理制度的学生，学校应当予以批评教育，不得开除。

《中华人民共和国未成年人保护法》

第二十八条（第一款） 学校应当保障未成年学生受教育的权利，不得违反国家规定开除、变相开除未成年学生。

晚上放学后，三位妈妈来领各自的孩子，无奈向罗老师表示了歉意。罗老师也觉得自己做得有点过分，真要是跟家长们彻底闹僵了，对自己也没什么好处，就顺水推舟了。仨孩子当面给老师道了歉，这事也就不了了之。

回到家里，妈妈批评了小灵通，小灵通也知道自己尽管是出于义愤为新同学仗义执言，但是当面顶撞老师仍然是不对的，违反了课堂纪律。

爸爸回家听说这起风波后也告诫小灵通，坚持正义，与不良现象作斗争是没错的，爸爸并不希望小灵通是个唯唯诺诺、逆来顺受的孩子，但是一定要讲究方式方法，不能硬碰硬。像今天这种情况，可以回家向家长反映，通过家长出面和学校沟通；如果新来的同学确实受了委屈，可以向她的家长作证，证明她的清白。单纯跟老师硬顶的话，不但不能解决问题，反而会使矛盾扩大。这不三个人下午听课都受到了影响，损失还是很大的。

小灵通听了爸爸的话，若有所悟。

第六章
"曲线救国"

罚站风波过去了几天，罗老师略有收敛，一直和同学们相安无事，一帮心悬着的同学们暗中松了一大口气。原来，一方面许多家长对罗老师的教学意见很大，不止一次联名向学校提出这个问题；另一方面学校也出面约谈了罗老师，教育罗老师不要体罚学生。

小灵通心宽，这种"小事"自然不放在心上，门墩儿更是一直跟小灵通在一个战壕里面。唯一有微妙变化的是竹子，虽然还是不怎么爱说话，特别是一直和小灵通没话说，但是偶尔也和女同学们聊聊天，尽管还是笑容多话少，但是比刚来时没事就躲一边要好多了。

这天又是数学课，现在连竹子都发现同学们表情变化的规律了，一看同学们都跟吃了个苦李子似的咧着嘴，就知道该上数学课了，连课程表都不用看。

然而罗老师今天显然心情不错，难得地带着笑容走上讲台，大家心中暗自庆幸，估摸着八成罗老师家有啥喜事。不过接下来的一幕，让大家明白了啥叫"黄鼠狼给鸡拜年——没安好心"。

只见罗老师像变魔术似的从教学文件夹里面取出一本书，书名远远地看不清楚，不过看封面，印刷质量好像一般。罗老师向大家介绍说，这是一本数学课外辅导书，内容全面，质量上乘，对大家的学习非常有帮助……blablabla……将这本辅导书吹了个天花乱坠。最后，罗老师总结道："为了增进大家的学习兴趣，提高大家的学习成绩，我要求每个同学都要买一本。我手里这本书是样书，数学课代表你拿一本，课间同学们好好传阅一下。"

等课间拿到这本书，大家轰隆一下子差点炸了营。只见这本书内容也就那么回事，印刷质量够低劣的，一看就是为了压缩成本，找个不知名的印刷厂印的。更要命的是，整本书连个发行书号都没有，这可是非法出版物啊。再一看价格，大家都倒吸一口冷气，乖乖，薄薄的一本，居然卖 80 多元。"这作者怎么不去抢银行呢？来钱还快点。"不知哪位同学嘟囔道。

一句话提醒了大家，大家翻开扉页，一看作者大名，果然是罗老师。好嘛，卖书卖到这里来了。同学们面面相觑，不知道说啥好了。

"估计咱们这回难逃此劫了，只能乖乖掏这份冤枉钱买书了，总不成咱们罢课示威吧？""那咱们回去告诉家长？""拉倒吧，咱们家长不止一次联合起来反映情况了，哪有一点用啊？"有人垂头丧气地回答。

小灵通突然想起爸爸的话，笑着说："这点小事都摆不平？校领导可能管不了罗老师，可有人管着校领导啊。"广播眼睛一亮，"小灵通你是说……"小灵通点了点头,"各位,咱们可是一条战线的,不想买这本劣质课外书的,就听我的。门墩儿,去把这本书封面、封底、作者那页都给我复印了去……"

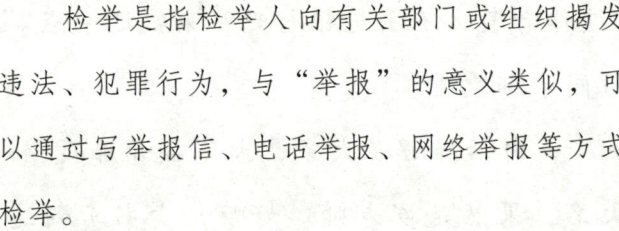

检举是指检举人向有关部门或组织揭发违法、犯罪行为,与"举报"的意义类似,可以通过写举报信、电话举报、网络举报等方式检举。

本章中,罗老师利用自己的职务之便,违反《教师法》和《教师职业道德规范》的规定,为自己谋私利。这种情况下,正当权益受到侵害的同学们当然有权向本市教育主管部门提出检举。

另外,小灵通和同学们勇于同不良现象作斗争,灵活运用法律赋予的权利保护自己行为,值得每一位小读者学习。

法条链接

《中华人民共和国未成年人保护法》

第十一条（第一款） 任何组织或者个人发现不利于未成年人身心健康或者侵犯未成年人合法权益的情形，都有权劝阻、制止或者向公安、民政、教育等有关部门提出检举、控告。

《中华人民共和国义务教育法》

第九条（第一款） 任何社会组织或者个人有权对违反本法的行为向有关国家机关提出检举或者控告。

一个星期后，数学课换了一位老师。原来那天大伙放学后立即分头行动，不到两天时间，一封有全体同学签名的检举信，那本书的部分复印件也作为证据，被一同寄到了市教委。市教委立即派人来学校调查，认为罗老师体罚学生，经教育不改；品行不良、侮辱学生,影响恶劣;利用职务之便,谋取私利等行为已严重违反《教师法》等,最终要求学校解聘罗老师。

法条链接

《中华人民共和国教师法》

第三十七条 教师有下列情形之一的,由所在学校、其他教育机构或者教育行政部门给予行政处分或者解聘:

(一)故意不完成教育教学任务给教育教学工作造成损失的;

(二)体罚学生,经教育不改的;

(三)品行不良、侮辱学生,影响恶劣的。

教师有前款第(二)项、第(三)项所列情形之一,情节严重,构成犯罪的,依法追究刑事责任。

第七章

默默守护

小灵通和同学们在放学路上一片欢呼，引得别的班的同学纷纷侧目，还以为他们吃了兴奋剂。

　　话说这放学的路，跟前段时间比，可完全不一样了。

　　蓓蕾小学历史悠久，是市重点小学之一，就在几年前，蓓蕾小学的位置还挺偏僻的，要不能有不良少年在学校门口抢孩子们的零花钱吗？不过近年本市城市建设发展极为迅速，蓓蕾小学周边一片片新小区拔地而起，这一片按照规划迟早要发展成为一个新的商业中心，市政府也投入了不少资金对学校周边的道路进行改造。

　　经过半年多的施工，学校大门口原本窄窄的一条街道变成了大马路。在施工的整个过程中，工人叔叔们都挺辛苦的，为了不打扰同学们上课，他们选择了在夜间施工，小灵通他们上学有时来得早，经常能看见两眼熬得红红的工人叔叔们。

马路拓宽了当然是好事，不过也带来了不少问题，其中之一就是这里变成了一条交通要道。每天有许多的车辆从这里经过，因为离教学楼比较远，倒不会干扰教学，但是每当上下学的高峰时段，面对如织的车流，同学和家长们都提心吊胆的。

不过市政府解决这个问题的方法很简单——在校门口的马路那里设置了人行横道和红绿灯。每天高峰期，路两边各有一位交警叔叔指挥交通，同学们每人发了一顶黄色的帽子，这样上下学过马路时戴上帽子，会非常醒目，足以提醒过往车辆注意学生安全。家长们对这些安全措施非常满意。

检察官提示

为了保障中小学生的交通安全，同时缓解上下学高峰期间学校门前道路汽车拥堵现象，我国各地政府采取了大量措施，主要包括：

第一，对学校周边道路安全隐患进行彻底排查。对缺少标志标线的路段及时予以整治，增设警告、限速、慢行、让行等交通标志，设置上学、放学时段的临时停车泊位，并加大校园周边道路交通秩序整治，落实学校周边的交通安全设施。

第二，对校外重点路段加密巡逻次数，对机动车驾驶人行经人行横道线不减速、不让行的交通违法行为进行严查。

第三，对处于城市主干道、干线公路或交通繁杂道路的学校周边路段，普遍设置了交通信号灯，在早上、中午、下午学生上学、放学的三个时段临时疏导交通，解决机动车与学生抢道引发的安全问题。

本章中,市政府和公安机关也很好地履行了为学生们提供交通安全保障的职责。

法条链接

《中华人民共和国未成年人保护法》

第八十八条 公安机关和其他有关部门应当依法维护校园周边的治安和交通秩序,设置监控设备和交通安全设施,预防和制止侵害未成年人的违法犯罪行为。

《中华人民共和国义务教育法》

第二十三条 各级人民政府及其有关部门依法维护学校周边秩序,保护学生、教师、学校的合法权益,为学校提供安全保障。

不过还有一点让人不满意的地方，就是学校往东一百多米的地方新开了一家歌舞厅，每天灯红酒绿。这家歌舞厅老板挺聪明的，歌舞厅附近没多远就是商业区，客源不成问题。问题是每天歌舞厅总有一些不三不四的人进进出出，有些人赤着膊，露出上半身花花绿绿的纹身。有些人从鼻子到嘴唇到肚脐，浑身上下打了一堆洞，穿着各种环——每次看到这些人，小灵通就想象他们一喝水，水就从身上一个个洞里往外喷的样子，门墩儿说这不成花洒了吗？

有些人相对委婉一些，不搞那么多花样，就是染了头发，五颜六色、花花绿绿的，远看还以为到了联合国，各国国旗在飘扬。学生们都挺害怕从这个歌舞厅门口路过的。

其实这个歌舞厅倒没有影响蓓蕾小学所有学生们上下学，因为按划片入学的原则，绝大部分学生都是住在学校西面的若干小区里面，像小灵通、门墩儿、广播他们家都在西边。学校东面是规划好的商业区，住宅小区寥寥无几，小灵通他们班只有一个同学每天放学需要经过这家歌舞厅门口，就是竹子。

学校周边并不排斥正当的合法的经营，但是在利益的驱使下，一些不健康的行业也被带到了校园及周边地区，威胁学生安全。

其中，营业性网吧及低俗文化、娱乐场所对学生的危害不容忽视。在我国，相当一部分地区在学校周围200米内都设有营业性网吧和游戏机室，有的学生沉迷网吧乃至通宵达旦，危害很大。而学校周边开设的餐馆、KTV、歌舞厅等娱乐设施，对于广大学生的影响更是显而易见，特别是对学生的人身安全有潜在的危害。

因此，为保障学校正常开展教育教学活动，为学生成长创造一个良好的环境，我国法律法规对社会组织和个人在校园附近从事经营活动作出了许多限制,其中对娱乐场所和互联网上网服务营业场所的设立和经营限制就是一个典型代表。我国法律规定,中小学校园周边(200米内)不得设置营业性歌舞娱乐场所、互联网上网服务营业场所等不适宜未成年人活动的场所。

本章中,这家歌舞厅离蓓蕾小学距离十分近,客观上扰乱了学校的正常教学秩序,应当依法予以取缔。

法条链接

《中华人民共和国未成年人保护法》

第五十八条 学校、幼儿园周边不得设置营业性娱乐场所、酒吧、互联网上网服务营业场所等不适宜未成年人活动的场所。营业性歌舞娱乐场

> 所、酒吧、互联网上网服务营业场所等不适宜未成年人活动场所的经营者，不得允许未成年人进入；游艺娱乐场所设置的电子游戏设备，除国家法定节假日外，不得向未成年人提供。经营者应当在显著位置设置未成年人禁入、限入标志；对难以判明是否是未成年人的，应当要求其出示身份证件。

好几次了，小灵通远远地望见竹子惊慌失措地从歌舞厅门口匆匆走过，有一回还看见几个"联合国国旗脑袋"的家伙冲竹子吹口哨。小灵通终于鼓起勇气，悄悄告诉门墩儿，这段时间就不和他一起回家了，准备送竹子一段距离。

从此以后，竹子每次走出校门，小灵通都在后面十多米远的地方跟着，陪竹子走过那家歌舞厅门口。竹子自然也看见他了，两个人也不说话，就这么默默地走着。有了小伙伴，竹子路过歌舞厅门口再也不慌张了。两个人就这样每天默默地走在回家的路上，小灵通陪竹子越走越远，最后送竹子一直走到了她家小区的门口。

就在这一天，小灵通看到竹子走到小区门口，正准备转身离去的时候，只见竹子回过身来，脸上带着一弯浅笑，小灵通再次看到了那像月牙一样美丽的双眼和两个漂亮的小酒窝，然后听到了竹子银铃一样的声音："马勇凌，谢谢你。"

小灵通的心几乎要从胸腔里面跳出来了，连说"不用谢、不用谢"，声音却陌生得连自己几乎都听不出来，他快速转过身，向家里跑去。一路上，小灵通觉得自己几乎要飞了起来，用手摸一摸脸，发烫得像块火炭在烧。

小灵通和竹子慢慢地熟悉起来，两个人之间的交流也越来越多，经历了春游事件之后，两个人成为非常要好的朋友。这回小灵通可以每天顺理成章地送竹子回家了，不用再隔个十多米，跟执行秘密任务似的。

小灵通美得鼻涕冒泡，结果没几天就傻了眼，因为那家歌舞厅居然关门大吉了，显然是被主管部门勒令停业了。看到小灵通一脸痛不欲生的表情，竹子掩着嘴直笑。最后还是竹子大大方方地邀请小灵通每天送她回家，于是小灵通依旧每天把竹子送到小区门口。

但是，要说小灵通真正了解竹子的内心世界，还是在那次食物中毒事件之后。

失败的营救计划

[春游和食物中毒事件请参看本系列丛书《为什么倒霉的总是我》]

那天晚上,小灵通、竹子、妈妈仨人吃了红光食品厂生产的劣质熟食搞得食物中毒,几个人走马灯似的轮番上卫生间。妈妈用车把仨人拉到医院急诊室,打上了吊瓶,感觉才好多了。妈妈折腾半天,累得半死,看看急诊室里面也没别人,自己拎着吊瓶去了一个比较舒服的角落,不一会儿就睡熟了。俩孩子都不困,急诊室里又闷热,于是俩人就拉着吊瓶的吊架到凉快的走廊里坐下,有一搭没一搭地小声聊了起来。

竹子问小灵通,为什么今天下午跟他往家里走,路过一座楼时,小灵通神情那么紧张,以至于要拉着竹子绕到马路另一边去走?

小灵通一听就知道竹子说哪座楼了,他一脸苦笑,跟竹子说这楼透着邪性,净出幺蛾子①。于是

---

① 方言,指出乎意料、不寻常的事情,多用于形容不好的东西。

第八章 抓住他

他把开学那天守门员飞身鱼跃救下孩子那件事跟竹子天花乱坠地说了一番，竹子听得连连惊呼。小灵通又把自己一年前差点被花瓶砸到那次跟竹子也说了，竹子望着小灵通，满眼都是同情的目光。

［守门员救孩子和花瓶事件，请参看本系列丛书《为什么倒霉的总是我》］

小灵通说除了这两件事，还有一回他在那座楼旁边再次吓了一跳，那是目睹守门员飞身救下孩子之后没几天……

那天早上上学路上，不知不觉间，小灵通又走到了那座楼附近，守门员救孩子的事迹上了新闻，好好给社会弘扬了一把正能量。小灵通每天走到这里，虽然一如既往地绕着走，但是养成了抬头看看的习惯。

今天小灵通走到这座楼附近，还没抬头看呢，突然一个人影"嗖"的一下飞了出去，小灵通给吓了一跳——不会是哪家家长犯马大哈，孩子又掉下来了吧？赶紧抬头看，楼上平安着呢。只见那个飞出去的人也不是去接什么东西，而是结结实实地拍在地上，摔得直哼哼。一个女式挎包散落在他身边，包口摔开了，里面倒也没什么东西，就是些口红、粉底等化妆品以及部分零钱而已。

小灵通好心地向他走过去，打算把这个倒霉的家伙扶起来，只听后面一声怒喝"站住！"两位警察叔叔从转角处追出来，跑到这位趴在地上的人身边，拿出明晃晃的手铐，"咔嚓"一声把他牢牢铐住了。转角处随即又跑出来一位姑娘，跑得气喘吁吁，上气不接下气，嘴里还喊着"抢包啦，抓住他！"

围观群众多了起来，大伙一看就明白是怎么回事了，敢情是这个人抢了人家姑娘的挎包，撒腿就跑，姑娘在后面追，两位正徒步巡逻的警察看到了，迅速加入抓捕行列。两位警察叔叔专业出身，速度快，抢包的人在前面心里一慌，拐个弯想换个方向跑，结果刚拐过来，就表演了一把空中飞人，"啪嚓"一声摔得那叫一结实，十分钟内能爬起来算他体格好，够资格参加奥运会了。

警察叔叔走近一看，原来是这条路在施工，地上不知是哪家施工单位挖了条沟,周围也没任何警示标志,抢包人对这边地形不熟,刚拐过弯来就被这条沟给绊飞了。看到这种情况,一位警察赶紧打电话给这片的居委会主任,询问这条道路施工的具体情况,建议他让施工方赶紧加上安全警示标志,要是有人因此绊倒受了伤,施工单位麻烦可就大了。

施工方在进行施工时,包括在公共场所、马路旁或者通道上挖坑、修缮安装地下设施等,必须设置明显标志和采取安全措施。例如,施工作业单位应当在经批准的路段和时间内施工作业,并在距离施工作业地点来车方向安全距离处设置明显的安全警示标志。施工作业完毕,应当迅速清除道路上的障碍物,消除安全隐患,经道路主管部门和公安机关交通管理部门验收合格,符合通行要求后,方可恢复通行。如果施工单位没有尽到上述义务,造成过往群众人身、财产损害,施工方应当承担法律责任。

另外,也提醒小读者们,在路上行走时,要仔细观察路面情况,以防意外事故发生,特别是在不熟悉的路段或者晚上能见度较低的时候。

法条链接

《中华人民共和国民法典》

第一千二百五十八条 在公共场所或者道路上挖掘、修缮安装地下设施等造成他人损害,施工人不能证明已经设置明显标志和采取安全措施的,应当承担侵权责任。

窨井等地下设施造成他人损害,管理人不能证明尽到管理职责的,应当承担侵权责任。

《中华人民共和国道路交通安全法》

第三十二条(第二款) 施工作业单位应当在经批准的路段和时间内

> 施工作业，并在距离施工作业地点来车方向安全距离处设置明显的安全警示标志，采取防护措施；施工作业完毕，应当迅速清除道路上的障碍物，消除安全隐患，经道路主管部门和公安机关交通管理部门验收合格，符合通行要求后，方可恢复通行。

另一位警察向失主核实失物情况，失主是个刚工作没多久的姑娘，长相还很青涩，经仔细核对，包里的东西都在，也没什么值钱的东西。这位警察说看这架势也就是教育教育、行政拘留几天了，因为抢夺案件不够一定数额不构成犯罪。话正说着，警察一搜抢包人的腰间，竟然从他腰带上摘下一把弹簧刀来。"这家伙携带凶器抢夺，属于抢劫，这回不管抢多少，都够判几年了。"说罢，两位警察叔叔押着哭丧着脸的抢包人回了派出所。

检察官提示

这里要先给小读者们普及下"抢劫"和"抢夺"的区别。

抢劫和抢夺在我国刑法中都是涉及财产的犯罪,目的都是非法占有他人财物。二者虽然都带一个"抢"字,但却是两种不同的罪名。其区别主要在于,**抢劫罪是使用暴力,或者是使用了胁迫的方式**,比如说用语言威胁,"不交出钱我就伤害你"等,以这种形式**来达到当场占有他人财物的目的**。而抢夺罪是趁人不注意时,抢占他人财物。

两者另一个区别是**抢劫罪不要求犯罪数额**,即使犯罪分子仅仅抢到了很少的钱,甚至一分钱没有抢到,仍然构成抢劫罪。而抢夺罪和盗窃罪一样,要求抢夺他人财物必须达到"数额较大"的标准,才构成抢夺罪。至于何谓"数额较大",由于我国各地经济发展不平衡,规定不一,以北京为例，一次抢夺3000元，即视为"数额较大"。本章中，如果抢包者仅仅是抢夺的话，由于没有抢到什么东西，是不构成抢夺罪的，只能按治安管理规定进行行政处罚，即行政拘留15天以下。

但是我国刑法另有规定，**如果犯罪分子携带凶器抢夺的，即犯罪分子只要是在抢夺时携带了凶器，不管是否出示过凶器，一律以抢劫罪定罪量刑。**

本章中，犯罪分子携带弹簧刀这一凶器抢夺，就构成抢劫罪，没有"数额较大"这一要求了。

提醒小读者要加强自身防护，不管是遇到抢劫，还是抢夺，都不要冒然去硬抢回来，在记住犯罪嫌疑人身体特征（身高、性别、年龄、特点等）情况下第一时间拨打110报警。

法条链接

《中华人民共和国刑法》

第二百六十三条 以暴力、胁迫或者其他方法抢劫公私财物的,处三年以上十年以下有期徒刑,并处罚金;有下列情形之一的,处十年以上有期徒刑、无期徒刑或者死刑,并处罚金或者没收财产:

(一)入户抢劫的;

……

第二百六十七条 抢夺公私财物,数额较大的,或者多次抢夺的,处三年以下有期徒刑、拘役或者管制,并处或者单处罚金;数额巨大或者有其他严重情节的,处三年以上十年以下有期徒刑,并处罚金;数额特别巨大或者有其他特别严重情节的,处十年以上有期徒刑或者无期徒刑,

> 并处罚金或者没收财产。
>
> 　　携带凶器抢夺的,依照本法第二百六十三条的规定定罪处罚。

　　小灵通摇头感叹道:"这座楼啊,太邪门了,净出事。竹子你以后也躲它远点啊。哎,竹子你怎么越坐离我越远了,看我的眼神还那么奇怪……"

第九章
竹子的秘密

眼看竹子越坐离自己越远，小灵通被弄得哭笑不得，嗨！敢情竹子把自己当成柯南①了！整个一"扫把星"，走到哪哪出事，遇见谁谁倒霉。

算了，还是换个话题吧，否则一会儿竹子就该吓跑了。小灵通厚着脸皮，往竹子的方向挪了挪，却听竹子问道："马勇凌，刚才阿姨开车送咱们来医院，你为什么说不让阿姨把车开到高速公路上啊？"

小灵通一咧嘴，说甭提了，妈妈开车技术欠佳

---

① 日本著名动漫人物，职业是侦探，他最大的特点是走到哪里，哪里必然发生命案，然后再由他来抓获凶犯。动漫界十大"扫把星"之首。

不说，还是路痴一个，平时也不怎么开车，今天能顺利开到医院可以说是万幸。当初妈妈刚学会开车的时候，特别想开车，有天周末家里有点事情要办，她自告奋勇地开车去办，早上不到九点出的门，下午三点半才回来。爸爸很疑惑她怎么去了这么长时间，结果一问才知道，妈妈一不小心误开上了京石高速公路，又不知道怎么才能从高速公路上开下来，只好开到石家庄再开回来。爸爸听了哭笑不得，说这次还好，得亏是京石高速，这要是开到京广高速上，估计没十天半个月是回不来了。

竹子笑得花枝乱颤，又不敢大声，只能捂着嘴乐，耳根子都笑红了。小灵通也跟着笑，心里琢磨着把妈妈的糗事告诉外人不知道算不算是出卖妈妈？反正这事可千万别让妈妈知道，否则自己可有苦头吃了。

却见竹子笑着笑着，眼圈就红了，不一会儿竟然流下泪来。小灵通心里过意不去，心说妈妈这路痴简直是惊天地泣鬼神，别人都同情地哭了。正想

第九章 竹子的秘密

安慰竹子，只听竹子哽咽着说："马勇凌，真的很羡慕你，有个幸福安稳的家。"

原来竹子从小就随爸爸一起满世界漂泊，没过上几天安稳日子，也没有什么好朋友。这样一来养成了她不合群的性格，二来也让她特别羡慕那些有一个安定家庭的孩子。于是今晚竹子终于打开话匣子，向她现在唯一的好朋友——小灵通敞开心扉。

竹子说了好多自己小时候在国外的经历，听得小灵通大开眼界，不过小灵通也有疑问："竹子，你这么多年身边难道真的没有过一个朋友吗？"

"要说也有一个，那是一位小姐姐。"竹子回忆道。那还是她五岁时候的事情，那时她家短暂的在国内住了半年。那半年里，邻居家有一位小姐姐，也就是八九岁的样子，对她特别好，放学了经常领她出去玩，教她认字，教她各种知识。那段时间，竹子很快乐，每天都去找小姐姐玩。但是她明显能够感觉到小姐姐并不快乐，亮亮的大眼睛中总有说不出的哀伤，也说不清为什么。直到有一天她不小心掀起了小姐姐的衣服，看到了她背上青一块紫一块的伤痕。

竹子回忆自己那时吓了一跳，小姐姐那天抱住她，哭得非常伤心，泪水打湿了竹子的衣服，还对她说了好多话，现在大部分都已不记得了，只是记得小姐姐恨恨地说，只要能离开这个家，让她做什么都愿意。

"直到有一次亲眼目睹，我才知道小姐姐承受了多么大的痛苦。"那天小姐姐没出来玩，晚上竹子就去找小姐姐，进了小姐姐家，她的爸爸妈妈态度非常冷淡，竹子就回去了，就在转身的一刹那，竹子从小姐姐卧室的门缝看到了让她终生难忘的一幕——卧室中间有张桌子，桌子上面搭着一张长凳，长凳上面有一张非常窄小的凳子，小姐姐双手反绑着就跪在上面，凳子晃晃悠悠，小姐姐大滴大滴的汗珠从额头上流下，努力保持着身体平衡，因为她脖子上有一个绳套，另一端不知道固定在哪里。小姐姐痛苦万分的眼神里面分明只有两个字——"救命！"

检察官提示

在全世界范围内，未成年人遭受家暴，始终是普遍存在的社会问题，并且恶性案件时有发生。据调查显示，单亲、继亲家庭和流动、留守儿童更容易成为家庭暴力的受害者。家庭关系不和谐、生活压力大、家庭功能不健全都会激化矛盾，在这些家庭当中，父母并没将孩子当作平等对待的对象，而是将其当成出气筒、泄愤目标或报复工具。遗憾的是，在大多数情况下，针对未成年人家庭暴力发生后，受害者由于受到亲情影响和个人能力所限，极少报案。其他的家庭成员、相关机构也会存在责任缺位。

2016年3月1日，我国《反家庭暴力法》

正式实施，法律从家庭暴力的预防、处置，到受害人的人身安全保护，再到法律责任，都制定了具体的措施，设计了可操作性的程序制度，一旦出现家庭暴力就会有相应的部门介入和及时制止。

本章中，小姐姐父母虐待她的行为令人发指，直接违反了我国法律规定，要承担相应的法律责任。公安机关有权对实施虐待行为的父母采取一定的行政处罚措施，防止小姐姐继续受虐待；人民法院也可以撤销其对小姐姐的监护资格。同时，这种虐待孩子的行为，也必将受到社会舆论的谴责与唾弃。

法条链接

《中华人民共和国未成年人保护法》

第十七条 未成年人的父母或者其他监护人不得实施下列行为：

（一）虐待、遗弃、非法送养未成年人或者对未成年人实施家庭暴力；

……

第一百零八条（第一款） 未成年人的父母或者其他监护人不依法履行监护职责或者严重侵犯被监护的未成年人合法权益的，人民法院可以根据有关人员或者单位的申请，依法作出人身安全保护令或者撤销监护人资格。

《中华人民共和国反家庭暴力法》

第十三条 家庭暴力受害人及其法定代理人、近亲属可以向加害人或者受害人所在单位、居民委员会、村民委员会、妇女联合会等单位投诉、反映或者求助。有关单位接到家庭暴力投诉、反映或者求助后,应当给予帮助、处理。

家庭暴力受害人及其法定代理人、近亲属也可以向公安机关报案或者依法向人民法院起诉。

单位、个人发现正在发生的家庭暴力行为,有权及时劝阻。

第二十一条 监护人实施家庭暴力严重侵害被监护人合法权益的,人民法院可以根据被监护人的近亲属、居民委员会、村民委员会、县级人民政府民政部门等有关人员或者单位的申请,依法撤销其监护人资格,另行指定监护人。

被撤销监护人资格的加害人,应当继续负担相应的赡养、扶养、抚养费用。

说到这里，竹子已经哽咽地说不下去了。小灵通一边想这位小姐姐的父母真是变态，一边默默地抽出一张又一张面巾纸，递给竹子擦眼泪。

后来没多久，竹子再次搬了家，不知道小姐姐后来怎么样了。因为这件事情的刺激，让她更加沉默寡言，除了小灵通，这件事情她从没有跟其他人提起过。"可惜我现在连小姐姐的名字都记不得了，只记得她和我一样，名字中间是个'雨'字，这应该就是我俩之间的缘分吧。"说着竹子把右手腕举到小灵通的面前，"马勇凌，你看我手腕上是什么？"

一块小指肚大、鲜红色的胎记，在竹子白皙的手腕上如此醒目。

"也许真的是缘分，小姐姐的左手腕也有一块这样的胎记，只是和我的方向相反，我们俩的左右手腕合在一起，上面就是一只鲜红色展翅欲飞的蝴蝶。"竹子的眼泪再次流了下来，"这么多年来我一直后悔为什么当初没有报警，也许这样就能将小姐姐拯救出那个炼狱。"

小灵通安慰说："这不怪你，你那时还是小孩呢，都不懂事，要是像现在这么大年龄，我们肯定都会告诉父母并且报警了。"竹子哽咽着说："如果上天能让小姐姐现在平平安安的，我愿付出任何代价。"小灵通安慰她说："一定会的，小姐姐这么善良，好人会一生平安的。"

　　这时，急救室里面突然响起了手机铃声，在安静的急救室里显得那么刺耳，妈妈猛然惊醒，一把抄起手机。"好家伙，我正做梦梦到午夜凶铃呢，这手机可真配合，吓死我了。"

第十章
病从口入

没过多一会儿，竹子的妈妈赵阿姨就到了医院[之后发生的故事详情请参看本系列丛书《为什么倒霉的总是我》]，在此之前竹子擦干净满脸泪痕。两位家长聊了会儿天，打完了点滴，赵阿姨就要带着竹子告辞，妈妈执意要开车将她们娘俩送回家，中间不小心又开错了一段路，浪费了不少时间。

　　回到家里，小灵通娘俩倒头便睡，还好这次中毒并不严重，在医院打了点滴，回家再吃点大夫给开的药，娘俩周末休息了两天就没事了。爸爸又被"外星人绑架"了①，整个周末都没回家，娘儿俩已

---

　　① 指爸爸在忙着办案子，没回家。详见本系列丛书《为什么倒霉的总是我》。

经习以为常了。

　　周一生活一切恢复正常,妈妈临出门前告诉小灵通说自己今天会去食药监局检举那家红光食品厂,中午就不回家做饭了,冰箱里面有冻饺子。小灵通苦着脸,一路踢着石子儿去上学。

　　到了学校一看,竹子今天没来上课,小灵通一想就知道女孩子身体弱,估计还没完全恢复呢,于是只好跟门墩儿侃侃自己在医院的"光荣"经历。一转眼到了上午十点钟课间,同学们去操场上做完广播体操,回到教室一看,梅老师已经组织值日生发好了课间餐,每人课桌上都摆放好了一袋牛奶和一个面包。

　　不过小灵通一眼就看出来今天的课间餐有点不大对劲,跟以前的不太一样。虽说仍然是面包和牛奶,但是自从小灵通上学以来,课间餐的外包装一直都是红色的,今天却换成了蓝色的。门墩儿哪管这些,他长得高,每天活动量大,饿得也快,现在正好饿了,于是一边跟小灵通说:"厂家换了个外包装有啥可大惊小怪的，你不吃我吃"，一边撕开面包的外包装，把吸管插到了牛奶里面。同学们也纷纷走到座位，准备趁着下节课上课前吃完。

小灵通没急着吃，而是拿起面包和牛奶仔细看外包装，不看则已，一看吓了一跳，大喊一声："大家都别吃了，这个不安全！"拿起自己那份"噔噔噔"地向老师办公室跑去。大家一个个莫名其妙，不过还是停下嘴，看看到底怎么回事。

小灵通气喘吁吁地跑到梅老师面前，把自己、妈妈和竹子上个周末的遭遇以及在医院听护士所说的情况一五一十地告诉了她——不用说，眼前这些蓝色包装的课间餐，肯定是那家红光食品厂的产品了。

梅老师一听，顿时觉得情况严重，因为之前那家食品厂的课间餐学校已经订了好多年，从没出过问题，可是上周学校却决定以后改订红光食品厂的产品。眼下听说红光食品厂的食品卫生可能有问题，梅老师赶紧叮嘱小灵通，让他回去通知本班同学先不要吃课间餐,她向学校领导反映一下这个情况。

小灵通抬头看了一眼窗外,摇摇头说:"看来梅老师您没必要汇报了。"梅老师也抬头向窗外望去,眼前壮观的景象不由得让她站起身来——教学楼每层的卫生间门口,学生们都排成了一条长龙。

作为祖国花朵的中小学生,食品安全问题尤为重要。从学生个人的角度讲,我们建议各位小读者应该学习一些辨别食品质量的基本常识,养成良好的生活习惯,这是避免病从口入最有效的方式方法。这样的习惯一旦养成就会终身受益。

第一,在购买食品时要注意:购买食物最好到正规商店里购买,且尽量选择信誉度较好的品牌。仔细查看商品标签,其中包括:产品名称、配料表、净含量、厂名、厂址、保质期、产品标准号等,不要购买标签不规范的产品。

第二，要注意养成良好的个人生活习惯。诸如：设备、容器或用具的消毒、清洁；避免用手去直接接触熟食和其他随时可吃的食物；剩菜应尽早放入冰箱冷藏，再食用时应彻底加热；新鲜蔬菜最好不隔夜、隔餐食用；等等。

第三，学习一些科学正确的烹调和食用方法。诸如：随买随吃，尽量不长时间储存蔬菜；肉、鱼类等动物蛋白，烧焦后不宜吃；少食或不食油炸食品；严禁用煤、原油、木柴等燃料熏制食品；等等。

从学校和教师的角度讲，中小学生集体食品中毒事件多发生在校内，而一旦发生，就具有发病人数多、症状较重、社会负面影响较大等特点。因而，预防措施和突发事件之后的应急措施尤为重要。

首先要以预防为主，把好进货关。其次要建立完善校园食品卫生安全事故的预防、报告、控制和救治等制度，严格执行食品卫生管理等相关法律法规，依法管理。一旦发生意外事故，立即启动应急处理组织指挥系统，分管领导要在第一时间亲临现场，了解事故情况，立即采取处理对策，并及时向各级领导报告有关情况。

法条链接

《中华人民共和国未成年人保护法》

第三十七条（第一款） 学校、幼儿园应当根据需要，制定应对自然灾害、事故灾难、公共卫生事件等突发事件和意外伤害的预案，配备相应设施并定期进行必要的演练。

《中华人民共和国食品安全法》

第一百零三条 发生食品安全事

故的单位应当立即采取措施,防止事故扩大。事故单位和接收病人进行治疗的单位应当及时向事故发生地县级人民政府食品安全监督管理、卫生行政部门报告。

县级以上人民政府农业行政等部门在日常监督管理中发现食品安全事故或者接到事故举报,应当立即向同级食品安全监督管理部门通报。

发生食品安全事故,接到报告的县级人民政府食品安全监督管理部门应当按照应急预案的规定向本级人民政府和上级人民政府食品安全监督管理部门报告。县级人民政府和上级人民政府食品安全监督管理部门应当按照应急预案的规定上报。

任何单位和个人不得对食品安全事故隐瞒、谎报、缓报,不得隐匿、伪造、毁灭有关证据。

蓓蕾小学这次学生集体食物中毒事件使得学校附近的十几家医院人满为患，连走廊里面都坐满了打点滴的学生和焦急的家长。

更为悲剧的是，不只是蓓蕾小学一家订了红光食品厂的课间餐，还有不下六七家学校也爆发了集体食物中毒事件。少数几家学校因为物流渠道的原因，红光食品厂的课间餐没有配送到位，学生们因此逃过一劫，算是不幸中的万幸。

逃过一劫的还有小灵通他们全班，因为小灵通及时阻止，班级一个食物中毒的学生都没有。小灵通洋洋得意，尾巴都快翘到天上去了，跟门墩儿一通吹牛皮，先夸自己有牺牲精神。"病了我一个，幸福四十人。"夸自己虽然周五晚上跑了趟医院，折腾得够呛，但是这样才使得大家幸免于难。接着又跟门墩儿吹嘘自己观察力出色，如果没有及时发现那是红光食品厂生产的课间餐的话，难免就要再来一次食物中毒了，云云。"哎我可真是个小机灵鬼儿啊。"小灵通最后总结陈词。

要是在平时，门墩儿一般都会跟他斗斗嘴，虽说门墩儿平时跟小灵通斗嘴经常处于下风，但是尚可一战。不过今天风向不大对头，门墩儿一个劲儿地捧小灵通，啥高帽子都往小灵通头上戴，捧得小灵通飘飘然。

这倒不是因为门墩儿转了性，而是因为全班同学包括他确实挺感激小灵通的。没去医院是一方面，更重要的原因是好多所学校，包括蓓蕾小学在内停课一周，好让同学们在家安心养病。他们全班一个生病的都没有，这个假期就算白赚的，可以说是因祸得福。追本溯源，大伙自然挺感激小灵通。

　　整个事故当中唯一遗憾的是，红光食品厂的黑心厂长一看出了大事，立马脚底抹油——溜了，目前警察叔叔正在通缉他，诸位家长恨得咬牙切齿。其实妈妈去食药监局投诉红光食品厂的时候，就听工作人员提起之前已经有好多人举报这家厂子了，说自打换了厂长之后，产品质量每况愈下，经常出现食品卫生问题。食药监局已经决定对这家厂子进行大检查，没想到还没来得及检查，就捅了这么大个娄子。后来经查明，这起集体食物中毒事故是因为厂长擅自压低生产成本，不重视质量把关，使得整条生产线被细菌污染所导致的。

检察官提示

公益诉讼是为保护公共利益而提起的诉讼，检察机关公益诉讼主要涉及生态环境和资源保护、食品药品安全、国有财产保护和国有土地使用权出让等领域。检察公益诉讼是一项全新的制度，2017年6月，关于修改民事诉讼法和行政诉讼法的决定明确将检察机关提起公益诉讼写入这两部法律。2017年7月1日，检察机关提起公益诉讼制度全面实施。

2018年8月，最高检部署开展了为期一年的"保障千家万户舌尖上的安全"检察公益诉讼专项监督活动，聚焦农贸市场及校园周边食品、网络餐饮、饮用水、保健食品药品以及速冻食品行业安全等五大重点领域。一年来，食品药品领域的办案数在全部案件中占比从专项监督活动开展前的14.7%上升至目前的33.7%，促进了食品药品安全领域公益诉讼办案规模大幅提升、质效明显提高，为确保校园及周边食品安全，维护青少年身体健康提供了坚定保障。

法条链接

《中华人民共和国民事诉讼法》

第五十八条（第二款）人民检察院在履行职责中发现破坏生态环境和资源保护、食品药品安全领域侵害众多消费者合法权益等损害社会公共利益的行为，在没有前款规定的机关和组织或者前款规定的机关和组织不提起诉讼的情况下，可以向人民法院提起诉讼。前款规定的机关或者组织提起诉讼的，人民检察院可以支持起诉。

> **《中华人民共和国行政诉讼法》**
>
> 第二十五条（第四款） 人民检察院在履行职责中发现生态环境和资源保护、食品药品安全、国有财产保护、国有土地使用权出让等领域负有监督管理职责的行政机关违法行使职权或者不作为，致使国家利益或者社会公共利益受到侵害的，应当向行政机关提出检察建议，督促其依法履行职责。行政机关不依法履行职责的，人民检察院依法向人民法院提起诉讼。

在家闲着没事，小灵通、竹子、门墩儿三个人约好一起去市少年宫看展览。最近少年宫新展出了一具古猛犸象的骨骼化石，这具化石于1980年在内蒙古自治区满洲里市出土，是我国目前最大的古猛犸象化石。化石长9米，高4.7米，一对门牙就长达3.1米，生前体重至少在8吨以上。由于本市少年宫缺少古生物类的化石，于是从兄弟博物馆借用一年时间，上周才运到并且组装完成。好多学生准备利用周末时间去好好看看呢，不过小灵通他们三个就不用等到周末了，向门卫出示了学生证，三人免费进入了展览大厅。

青少年宫是我国青少年活跃身心、陶冶情操的社会性教育活动阵地，也是青少年学生课余学习的理想场所。

建立青少年宫的主要目的，是为更多的少年儿童搭建更为广阔的学习平台。青少年宫通过组织开展各种教育活动，把学习环境从校内教育延伸到社会，不仅开阔了少年儿童的眼界，也使他们获得了更多接触生活、了解社会的机会，同时为少年儿童提供了更多的交往机会，提高了他们的人际交往能力。

法条链接

《中华人民共和国未成年人保护法》

第四十四条（第一款） 爱国主义教育基地、图书馆、青少年宫、儿童活动中心、儿童之家应当对未成年人免费开放；博物馆、纪念馆、科技馆、展览馆、美术馆、文化馆、社区公益性互联网上网服务场所以及影剧院、体育场馆、动物园、植物园、公园等场所，应当按照有关规定对未成年人免费或者优惠开放。

"哇！好壮观啊。"面对如此雄伟壮观的古猛犸象化石，竹子不由得发出感叹。小灵通不失时机地卖弄下自己的学问，给竹子当了一把义务讲解员，从古猛犸象的外观、栖息地、生活习性到它如何变成化石保存的，讲得头头是道。

门墩儿实在是插不进嘴去，谁让他平时不爱读书呢？只能没头没脑地来了一句："这么大一家伙，让咱们仨来吃，得吃多少天啊。"竹子掩口而笑，小灵通白他一眼。"光知道吃，你就不能长点儿出息？哎，不过话说回来，还真有人吃过猛犸象肉呢。"

竹子说："勇凌你别瞎扯，这东西不是一万多年前就灭绝了吗？现代人哪有机会吃它的肉啊？别是人家说的吃马肉，你听成猛犸了吧？别说马肉，驴肉我也吃过，保定驴肉火烧我就特爱吃，一咬顺着手指缝流油……"

瞧，竹子本来挺文静一姑娘，跟这俩贫嘴的家伙在一起久了，有时也能侃上几句。

小灵通说："你还别不信，还真有人吃过这庞然大物的肉。"于是给竹子和门墩儿讲了下面的故事：

1924年，几个俄罗斯猎人在西伯利亚叶尼塞河下游打猎，看到永久冻土的河岸有一处崩塌。他们在绕过这处崩塌的地方时，忽然看见一个恐怖的情景：在崩塌的河岸里面，有一双眼睛死死地盯着他们。吓坏了的猎人定睛细看，原来是一大块冰坨，里面裹着一头巨大的长着长毛的猛犸象。猎人们啧啧称奇，不过不能立刻接近那里，只好离开了。

等到第二年春暖花开，猎人们再次来到这个地方，将猛犸象挖掘出来，因为太大没法运输，就将一部分猛犸象肉砍了下来，运回村子给大家打牙祭。猛犸象肉呈红褐色，看来和从冰箱里拿出的肉并没什么区别。村民将猛犸象肉做成肉饼，煎了来吃，但是味道并不好，大家都不爱吃，而且吃过的人还生了一场大病。因为有人生病，村民才向远处的政府机构求救，要他们派医生来，上边这才知道此事。消息传到莫斯科，科学家无不顿足叹息，原来被这些村民吃掉的这头猛犸象，它是活着时被突然袭来的寒流冰冻在那块大冰块里面的，在被村民做成肉饼以前，保存在西伯利亚的自然冰库里已经两万多年啦。这东西如果保存下来，其价值无法估量，村民们居然把国宝给做成肉饼吃掉了。

竹子和门墩儿听完这个故事特别无语，都在

心疼那只运气欠佳的猛犸象。不过竹子还有问题，"为什么吃过猛犸象肉的人们都生病了呢？"

小灵通说："这个书上没说原因，不过你想啊，人吃一个礼拜前的食物都会闹肚子，村民们可是吃的两万年前的肉……"

第十二章
孔雀蔫了

三个人说说笑笑地走出了少年宫，今天参观收获不错。

仨孩子一路走一路聊，参观的兴奋劲儿还没过去呢。竹子有点饿了，小灵通说这附近可没一咬顺手指缝流油的驴肉火烧，边说还边拿手比划了一下，竹子红着脸捶了小灵通一拳。

门墩儿说："那边有家卖羊肉串的，我请你俩吃羊肉串得了。"竹子一皱眉，说道："那东西多不卫生啊，咱仨可别跟其他班同学一块去医院做伴儿去。"小灵通说："那何止是不卫生，根本就不是羊肉。"门墩儿说："不会吧，不是羊肉那是什么肉啊？"小灵通说："这你就不明白了，是我们家小二告诉我的。"竹子和门墩儿都瞪大了眼睛,一脸疑问。

"哎,你俩还别不相信,那天我牵着小二遛弯,小二直往人家卖羊肉串的摊儿那边凑,我还寻思它又馋了呢。结果一看那摊儿旁边有一只羊,跪在那儿哭得可伤心了,旁边的阴沟边上还有一只老鼠,羊和老鼠似乎在说啥呢。我问小二它俩白话①啥呢?小二告诉我,那羊冲羊肉串哭呢,边哭边说:'妈,你死得好惨啊,还被人做成肉串,灵魂不得安宁啊。呜呜呜……'阴沟边上那老鼠可不干了:'小羊你瞎哭啥呢?看清楚了,那肉串不是你妈,是我妈。'"

竹子笑得弯了腰,门墩儿好悬没笑背过气去。

等俩人笑够了,小灵通一本正经地告诉他俩,现在咱们国家食品安全把关很严格,但这种路边摊儿没有保证,已经有不少媒体报道路边摊儿的羊肉串主要原料很多是鸡鸭肉,加上块羊油,洒点孜

---

① 这里指闲谈,聊天。

然、辣椒就可以以假乱真,甚至有不少非法摊贩使用鼠肉或者病死禽肉的。所以为了身体健康,还是远离为妙。

检察官提示

在我国,有时看见街边上一些小贩在卖各种小吃,人们往往图方便,解了馋,但却没注意卫生问题,可能给身体带来疾病和隐患。依照我国法律规定,食品生产加工小作坊和食品摊贩从事食品生产经营活动,应当符合与其生产经营规模、条件相适应的食品安全要求,保证所生产经营的食品卫生、无毒、无害。而无证摊贩出售的各种食品往往存在下面问题:

第一,小摊贩通常是没有卫生许可证的,会大大增加购买食品的顾客患上传染病的概率。另外,相当一部分摊点卫生条件和进货渠道堪忧,吃了这些食物,传染疾病的概率会更大。

第二，我国绝大部分城市是禁止无证无照的露天食品加工和操作的。而趁着夜色摆小摊卖食品之所以有市场，就是因为价格便宜、离老百姓的家近，很多人贪便宜，但肉、菜是否干净、能不能做熟都成问题，而且上面的细菌很容易引起食物中毒。

第三，有些不法摊贩甚至使用地沟油烹调食品，长期食用会造成各种慢性疾病的发生。

在此，我们提醒小读者们，**要选择吃有营业执照的正规摊位的食品。**

法条链接

《中华人民共和国食品安全法》

第三十五条（第一款）　国家对食品生产经营实行许可制度。从事食品生产、食品销售、餐饮服务，应当依法取得许可。但是，销售食用农产品和仅销售预包装食品的，不需要取得

> 许可。仅销售预包装食品的,应当报所在地县级以上地方人民政府食品安全监督管理部门备案。
>
> 　　第三十六条(第一款) 食品生产加工小作坊和食品摊贩等从事食品生产经营活动,应当符合本法规定的与其生产经营规模、条件相适应的食品安全要求,保证所生产经营的食品卫生、无毒、无害,食品安全监督管理部门应当对其加强监督管理。

　　竹子吐了吐舌头,算是认可了小灵通的观点。门墩儿说:"那咱吃点啥啊?现在是中午,我妈和赵阿姨都不在家,去小灵通家吃的话,还不如在外面晒太阳来点光合作用呢。"

　　小灵通哭笑不得,想想妈妈让人胆寒的做菜水平,心想门墩儿说得挺有道理。"哦,对了,那边有个足球场,旁边有家拉面馆味道特正宗,咱们一起去那儿吃吧,门墩儿请客。"心说我可真是个小机灵鬼儿啊。

门墩儿知道自己这发小从小性格受他妈影响，有点抠门，笑了笑也没说啥。仨人吃得饱饱的，高高兴兴地回家。路过一个足球场时，透过铁丝网围墙望去，球场绿草茵茵，非常漂亮，小灵通看得眼热。"不知道什么时候才有机会来这踢上一局，门墩儿咱俩一定在一个队啊，有了你坐镇后防线，咱们肯定不会输。"门墩儿摇摇头说："甭做梦了，我们校队出来跑圈训练，经常看见这个球场，我就问教练能不能组织咱校队在这里来一场？学校草皮太差了，好多地方坑坑洼洼，搞不好就会受伤。你猜教练说什么来着？"

小灵通和竹子一起摇头。门墩儿说："教练告诉我们，这么漂亮的足球场，居然从来没向市民们开放过，就这么摆着当'花瓶'，浪费啊。"小灵通点头，说不能赞同更多了，中国足球是一朵奇葩，基础本来就不好，因为孩子们学业重，没多少时间通过体育运动锻炼身体，更要命的是大部分城市里面的公众体育设施根本不开放，想锻炼身体都没个好场所。

第十二章 孔雀蔫了

检察官提示

我国体育场馆应当向市民,特别是向广大中小学生开放,这样才能切实履行体育服务民生的宗旨,为广大市民科学健身提供优质服务,推动全民健身活动广泛深入开展。普及全民健身,提高中国人民体质,是重中之重。

法条链接

《中华人民共和国未成年人保护法》

第四十四条（第一款） 爱国主义教育基地、图书馆、青少年宫、儿童活动中心、儿童之家应当对未成年人免费开放；博物馆、纪念馆、科技

> 馆、展览馆、美术馆、文化馆、社区公益性互联网上网服务场所以及影剧院、体育场馆、动物园、植物园、公园等场所，应当按照有关规定对未成年人免费或者优惠开放。

小灵通和门墩儿吐槽①正欢呢，突然竹子往马路对过花坛那里一指。"你俩快看，那不是咱们班格格吗？"仨人仔细一看，果然是格格，不过格格今天这副样子有点吓人，披头散发，眼睛肿得跟桃子一样，满脸都是泪痕，跟她平常孔雀一般的形象可大不相同。

格格在他们班学习成绩一直最好，除了竹子刚转来那个学期因为生病没参加期末考试，她一直是班级第一名，而且从小就特别懂事，像个小大人。

---

① "吐槽"这个词来源于日本，经我国台湾地区翻译，传入我国大陆地区，现多指发出带有调侃意味的感慨或疑问。

从上幼儿园起,她就一直深得老师们的宠爱(还记得让小灵通出名的那回幼儿园"拐卖"孩子实验吗?那时格格就很有领袖风范了),上了小学后一直是班长,梅老师一贯很信任她。

不过格格在同学们中间人缘一般,因为格格多少带点学习成绩优秀的孩子们的通病——骄傲,同学们公认她像只骄傲的孔雀,而且她有时候说话夹枪带棒,让人听了不太舒服。

比如有一回,有个跟格格关系还不错的女同学,这个女孩有个习惯就是随身带面小镜子,没事拿出来照照,有点儿"臭美"。要说想纠正这个习惯,班长私下委婉地告诉她一声不就结了?格格偏不。有天下午课间,这女孩又拿出镜子照,格格咳嗽一声清清嗓子,一本正经地对她说:"你这么做,从镜子里面正好能看到咱们国家两个城市的名字。"那女孩还浑然不觉,问是哪两个城市啊?格格说:"当然是大连(大脸)、太原(太圆)了。"许多同学哄堂大笑,当着那么多同学的面被班长挖苦,那女孩整整哭了半个下午，以后再也没照过镜子。虽然格格的方法效果很好，但是同学们都觉得格格这么做有点过分。

可是，如今这只骄傲的孔雀彻底打了蔫，只见她呆呆地坐在花坛上，眼睛死死地盯住脚尖前的地面，半天一动也不动。这条路上行人不多，偶尔有几个路过的，看她一眼就忙着赶路了。

看到格格这副样子，小灵通心里突然"咯噔"一声，竹子和门墩儿也向他看过来，仨人的眼光一交汇，都有了一个念头：格格这个样子，不会是碰上坏人了吧？

三个人立即飞奔到格格身边，格格也看到了他们三个，缓缓地抬起头来，小脸已经脏得不成样子。竹子拿出一张纸巾递给她，"班长，你这是……"格格向他们仨人努力地挤出一个微笑，说："我没事，多谢。你们忙你们的，不用管我。"说着站起身来，摇摇晃晃地向远处走去。

竹子一把拉住格格，格格微微一挣，没有挣脱开，竹子感觉到格格已经一点力气都没有了。只见格格仍然向他们微笑着，说我没事，说着就像一截木头那样倒了下去。

第十三章
破碎的心

门墩儿反应快，一个跨步上前把格格抱住。"哎呦喂，这姑娘可够沉的，该减肥了。"竹子说："你可真没同情心，晕倒的人感觉就是沉，平时格格看起来比我还瘦呢。"小灵通说："现在不是斗嘴的时候，咱们得想个办法。这么着，离这没多远有家医院，门墩儿你受累背着格格，竹子咱俩搭把手，我给我妈打个电话让她赶紧过来帮忙办个手续。"

　　路上竹子还悄悄地问小灵通，怎么格格倒下的样子那么吓人啊？她看电视剧里面人晕倒都是软软地、缓缓地倒在地上。没等小灵通回话，门墩儿就插嘴说,"这个问题师父跟我讲过,人晕倒的时候,真的就像木头一样直直地摔倒,根本没工夫摆pose①,他当初刚做特警时玩命训练,见到晕倒在训练场上的多了去了。至于电视剧?那不能太追求真实,否则演员一个个直直地往地上摔,不到半年,中国影视界人就都摔没了……"

医院,急诊病房外,小灵通、竹子、门墩儿坐在长椅上等着。

刚才妈妈急匆匆地赶过来,看到格格这个样子,面色凝重,将大夫拉到一边,嘱咐大夫给格格好好检查一下。过了一会儿,听大夫说格格身上没有任何外伤,仅仅是因为又累又饿才晕倒的,妈妈

---

① 本意为姿势的意思,在我国年轻一代的口语中多用于形容故意做出来的姿势。

才长长地松了一口气。

听妈妈说格格没啥大事，仨孩子再次活跃起来，门墩儿说要是饿晕了的话，这毛病好治，用刚出锅的包子就能治好。小灵通说他思考问题不深入，格格又不是流浪儿童，怎么可能会饿晕了？这里分明有别的事。

妈妈打通梅老师的电话，要了格格父母的手机号，拨了过去。仨孩子远远看见妈妈一开始还对着手机和颜悦色地说话，结果突然一下子气冲冲的，声调也提高了好几度。"这事可真新鲜，头一回见到你们这样的爸妈！格格这孩子是你俩亲生的？还是充话费送的？"听到这句话，仨孩子是想笑又不敢笑。

妈妈接着发飙："好家伙，孩子都离家出走一天了，还以为孩子把自己反锁在卧室里了，眼睛长着用来喘气的？两口子感情出问题不要紧，好聚好散，那是大人之间的事，尽量别影响孩子，也不瞧瞧孩子多可怜？在大街上晕倒了，得亏是遇见了同学，万一碰见坏人怎么办？那不毁了孩子一辈子吗？"

听妈妈把格格父母骂得狗血喷头，仨孩子觉得挺解气的，也大体弄明白格格到底出了什么事。

原来，格格父母感情出现了危机，两个人闹离婚闹了很久了。格格对这件事情非常伤心，昨天她终于无法再忍受父母无休止的争吵，一个人偷偷从家里跑了出来。吵得天翻地覆的父母居然根本没有发现格格离家出走了，还以为女儿把自己反锁在屋子里面。因为学校放假，梅老师自然没办法发现格格行踪异常。直到今天中午，小灵通他们三个看到了格格，格格因为又累又饿，精神也极度疲惫，晕倒在他们面前。

检察官提示

对未成年人而言,离家出走的危害性是显而易见的。具体来说,其主要危害有以下几个方面:首先,学生离家出走后,必然会荒废学业。其次,一个未成年人独自出走,没有了父母的关心和爱护,失去了生活的依靠,很容易受人欺负和成为被害人,甚至成为犯罪分子的侵害对象。最后,未成年人出走后陷入缺衣少食的困境之中,很容易因此铤而走险,或在不法分子的拉拢和教唆下,参与抢劫、偷窃、斗殴等违法犯罪活动。

从我国社会实践来看,未成年人离家出走,过早脱离父母和学校监管更是诱使未成年人滑向犯罪的不可忽视的重要因素。担负着未成年人抚养、教育责任的父母、学校和社会相关部门,要共同关注未成年人离家出走现象。在这里,我们呼吁,广大父母、学校领导、老师和相关教育工作者们多加关注"问题家庭"的未成年人,关注

> 未成年人离家出走现象，不要把孩子过早地推向社会，推出家庭。各位小读者也切记，**要和父母加强沟通交流，千万不要采取离家出走的方式。**
>
> 本章中，格格因为父母闹离婚，冲动之下离家出走，幸亏遇到了自己的同学，否则后果不堪设想。她的父母没有及时发现她离家的行为，自然就没有及时查找，如果格格因此出事的话，他们也会留下终生的遗憾。

过了一会儿，格格的父母来到了医院，两个人都板着脸，互不理睬。妈妈看到他们两个也有些尴尬，毕竟刚才在电话里面把人家骂惨了。不过像格格家里这种情况，外人也不好多说些什么，妈妈把还在沉睡的格格托付给她父母，就领着小灵通他们离去了。

门墩儿一路上直咕哝说白把格格背医院去了，结果她父母连个谢字都没说。竹子则很关心格格，说看这样子万一格格父母离婚了，她心里肯定会受很大的伤害,不知道格格会跟爸爸还是妈妈?小灵通挠挠后脑勺,说这事他也不太清楚啊,目测自己家不会有这问题,所以平时不大关注。门墩儿说还是未雨绸缪的好,人无远虑,必有近忧。小灵通气得拿拳头直砸门墩儿,"呸呸呸,你这乌鸦嘴,净胡说八道……"

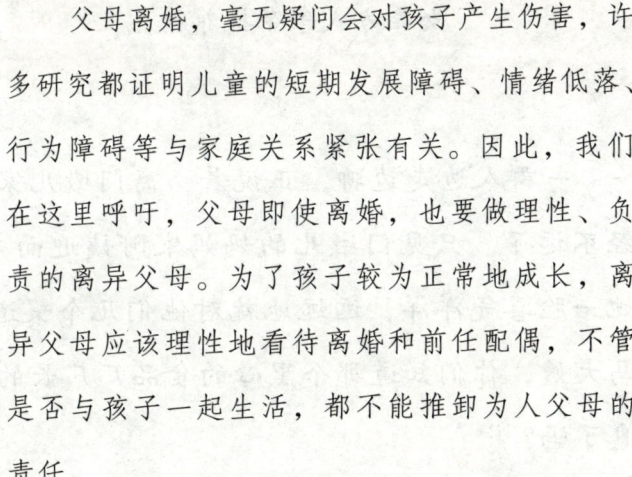

检察官提示

父母离婚,毫无疑问会对孩子产生伤害,许多研究都证明儿童的短期发展障碍、情绪低落、行为障碍等与家庭关系紧张有关。因此,我们在这里呼吁,父母即使离婚,也要做理性、负责的离异父母。为了孩子较为正常地成长,离异父母应该理性地看待离婚和前任配偶,不管是否与孩子一起生活,都不能推卸为人父母的责任。

小读者们如果不幸遇到了父母离婚的情况,请仍然积极面对人生,坚定、乐观、自信,这些才是每个人成长过程中最为宝贵的东西。

法条链接

《中华人民共和国未成年人保护法》

第二十四条（第一款） 未成年人的父母离婚时，应当妥善处理未成年子女的抚养、教育、探望、财产等事宜，听取有表达意愿能力未成年人的意见。不得以抢夺、藏匿未成年子女等方式争夺抚养权。

一群人边走边聊，正说着，离门墩儿家小区已经不远了。只见门墩儿的妈妈宋阿姨迎面走过来，她一脸喜气洋洋，远远地就对他们几个嚷道："哎，马大嫂，你们知道那个黑心的食品厂厂长的最新消息了吗？"

妈妈一听连忙问，那家伙被逮住了？宋阿姨说那倒没有，不过中午新闻刚播了，这家伙在潜逃过程中，被几个歹徒绑架了，现在歹徒向他家里人勒索一大笔钱，威胁说要是不交赎金就浇他一身汽油烧了他。那些被他祸害的学生家长，一听说这消息，纷纷跟歹徒联系，捐得可踊跃了。马大嫂你让他害得进了医院，捐不捐点儿啊？

妈妈脑子一时没转过弯儿来，难道这种人还有人捐钱救他？就问大家都捐了多少？宋阿姨说捐得挺多的，有捐5升汽油的，有捐10升的……

第十四章
乌龙球

一周假期过得飞快，食物中毒的同学们陆陆续续地出院了，学校也恢复了正常的教学秩序。

又是周一，小灵通班级的同学们整整齐齐地端坐在教室里，比起其他班级，他们整整多休息了一个星期，一个个都是神采奕奕。

课间大家纷纷收听"广播"。红光食品厂那位黑心厂长最终被警察叔叔解救了出来，绑架犯罪嫌疑人全部落网。被警察叔叔解救行为所感动，这位厂长对公安局的审讯非常配合，除了痛快地供认了自己生产伪劣食品的事实以外，还主动供出了本市部分中小学校领导收受他的贿赂，采购大量不合格食品作为学生课间餐的事情，其中就包括蓓蕾小学主管后勤的那位副校长。现在这位副校长正接受监察委的调查。

检察官提示

在这里,我们要向各位小读者们普及一下受贿罪的知识。

受贿罪是指国家工作人员利用职务上的便利,索取他人财物,或者非法收受他人财物,为他人谋取利益的行为。受贿行为侵犯了国家工作人员职务行为的廉洁性及公私财物所有权,严重影响了国家机关的正常职能履行,损害了国家机关的形象、声誉,同时也侵犯了一定的财产关系。因此,贪污贿赂犯罪历来为我国社会公众所痛恨,也是我国重点打击的对象。

注意这个罪名,主体只能是国家工作人员,如果是一般公司企业的人员收受贿赂,不构成受贿罪,而是构成另外一个罪名——非国家工作人员受贿罪。

本章中，蓓蕾小学的副校长作为国家工作人员，接受红光食品厂厂长的贿赂，为红光食品厂谋取不正当利益，利用自己的职权便利，强行采购红光食品厂质量不合格的食品作为课间餐，造成学生大规模集体食物中毒事故，触犯了我国刑法关于受贿罪的规定。

法条链接

《中华人民共和国刑法》

第三百八十八条 国家工作人员利用本人职权或者地位形成的便利条件，通过其他国家工作人员职务上的行为，为请托人谋取不正当利益，索取请托人财物或者收受请托人财物的，以受贿论处。

今天让同学们高兴的事情还不只这一件，下午还要举行市小学生足球赛的半决赛。蓓蕾小学足球队以往最好的成绩只是八强而已，但前段时间，校队小队员们在教练的指导下团结奋战，历史性地杀入四强。半决赛的对手是师大附小，对校队而言这可是个更进一步的好机会，一方面对手也是第一次打进四强，在半决赛经验方面大家半斤八两；另一方面半决赛是在蓓蕾小学的球场进行，可以说是天时地利人和都占全了。学校特意给同学们放了两节课的假，允许他们去球场给校队加油助威。

同学们士气高昂，下午一点半的比赛，一点刚出头，同学们就把学校球场的位置全部抢占一空。其实一所小学球场也没多少座位，没抢到的同学有不少差点儿哭鼻子的。不过呢，同学们还是很擅长动脑筋的，于是球场附近的教学楼窗口都挤满了人，有些身手灵活的同学还企图爬到球场附近的树上，被老师们严厉制止了。

那么小灵通他们呢？因为门墩儿是校队的主力

第十四章 乌龙球

后卫，于是小灵通、竹子、广播他们几个算是走了"后门"，在场边指挥啦啦队为球队加油，让人羡慕。比赛哨声一响，同学们"加油"的呼声立即淹没了整个学校。对手虽然也带来了一支啦啦队助威，不过声势跟蓓蕾小学一比弱爆了。

这场比赛，上半场最引人注目的队员就是门墩儿了，可以说是光芒四射，大发神威。作为主力后卫，他硬是盯得对方前锋没有任何机会，还频频插上，利用身高优势争抢头球。果然，上半场不到20分钟，门墩儿就利用一次角球的机会，一头将球砸进对方的大门，1∶0。同学们激动得手都拍红了。

下半场门墩儿风采依旧，又进了两个——有小读者说这个我知道，足球术语叫"帽子戏法"，形容一个人一场比赛进了仨。不过问题是，下半场门墩儿进的这两个，不幸全进自己家门里去了——乌龙球。

第一个乌龙球令人匪夷所思，门墩儿带球到

中场，可能前面没什么好的传球路线，于是回头一个大脚就开回给守门员了，问题是本队守门员站得很靠前，门墩儿压根没注意到，只见球飘飘悠悠地飞进了自家大门，守门员在后面玩命追就是追不上。

对方士气大振，大举反攻，不过几次机会在门墩儿领衔的后防线严防死守下都无功而返。只有一次被对手左后卫突破了，那位左后卫突破到底线附近，将球传中，可惜附近没有对手的队员包抄，没有任何威胁。只见门墩儿潇潇洒洒地一个狮子甩头想把球解围出去，没想到顶偏了，只是蹭到了皮球侧面，于是皮球划出一道诡异的弧线又飞进了自家球门。

这场比赛，门墩儿一人包揽了全部进球，进了仨——对方球门一个，自家两个，校队不幸以 1∶2 败北，同学们一个个都看呆了。看来蓓蕾小学校队想再进一步，只有静待来年了。于是，第二年门墩儿过生日，校队从教练到队员集体送给他一样特别的生日礼物——一个精美的指南针。

门墩儿十分沮丧,祸不单行的是,比赛快结束时,蓓蕾小学又得到一个角球机会,他奋不顾身地冲上前去争顶,球没顶到,只听门墩儿一声惨叫,摔到地上,双手抱住右腿膝盖,疼得在地上打滚。

第十五章 家学渊源

门墩儿这次伤得挺重，本来踢球的孩子身上多少都会有点小伤，今儿擦破点皮，明儿胳膊摔青了之类的，门墩儿体质好，根本不在意。不过这回可不一样，学校球场的草皮质量不好，坑坑洼洼的地方很多，门墩儿身体落下正好踩到了一个坑里，瞬间失去平衡，整个身体的重量都压到了右腿膝盖上，门墩儿就听到膝盖里面"咔嚓"一声，一阵剧痛袭来。

　　门墩儿摔倒在地，大家都吓了一跳。小灵通更是心提到了嗓子眼，没等裁判吹哨就冲进球场，跑到门墩儿身边，一看门墩儿疼得脸色发青，小灵通急了，一把架起门墩儿，背起他就往医院跑。

后来竹子说:"勇凌你可真够朋友,人家孟家栋比你高多半个头呢,硬是往身上背,结果他两只脚还在地上拖拉着呢。"小灵通嘿嘿笑着有点不好意思。

不过小灵通当时的确是急晕了,看到好朋友受伤,比自己受伤都难过。最后还是教练背起门墩儿去了医院。你还别说,门墩儿特别硬汉,尽管疼得脸都扭曲了,愣是一声也没哭出来。无论是蓓蕾小学校队队友还是对手的队员,都暗中为他竖大拇指。

不过那是在球场上,现在躺在医院病床上,门墩儿正一把鼻涕一把泪哭得欢呢,"呜哇哇……小灵通你说我以后还能再踢球吗?呜哇哇……"小灵通说:"别瞎琢磨,大夫说就是半月板受了伤,恢复一段时间就好了,没后遗症。哎,你刚才不是挺坚强的吗?"门墩儿说:"那不是当着一堆人的面吗?啦啦队里面还一堆女孩子,做为男人丢不起那个面子。可是现在……现在它疼啊,呜哇哇……"

小灵通说:"你先歇着,孟叔叔和宋阿姨一会儿就该来了,我去给你找点东西看看,记得这医院门口原来有个书屋出租书,看看书分散下注意力就不疼了啊。"

结果让小灵通大失所望,这家书屋早换了主人。原来里面挺多青少年读物的,最不济也是通俗杂志,结果现在清一色的打色情擦边球的杂志、小说,那封面,看得小灵通脸热心跳,站书屋里面,一双眼睛愣是没地儿放。

尴尬之余,小灵通只好蹲书屋的角落里面翻,那里还是会有一些正常书籍的,尽管可能很少有人光顾。翻来翻去,还真是找到了一本,小灵通把它租了下来。

中小学生年纪尚小,分辨是非能力低,而且好奇心强,自制力较差。如果让他们接触到不良读物,很可能给他们的身心健康带来严重的危害。然而,利润的驱使使得不法书商昧着良心向市场输送着这些被称为"文化垃圾"的东西。

请各位小读者为了自己的身心健康,远离这些不良读物,避免它们带来的潜在危害。

《中华人民共和国未成年人保护法》

第五十条 禁止制作、复制、出版、发布、传播含有宣扬淫秽、色情、暴力、邪教、迷信、赌博、引诱

> 自杀、恐怖主义、分裂主义、极端主义等危害未成年人身心健康内容的图书、报刊、电影、广播电视节目、舞台艺术作品、音像制品、电子出版物和网络信息等。

结果门墩儿看到这本书哭得更厉害了,"《钢铁是怎样炼成的》?我知道这本书,梅老师讲过,是讲一个苏联人身残志坚的故事的,小灵通你什么意思?是说我要残废了,拿来这本书给我励志的?呜哇哇……"

转眼又到了周末,小灵通和竹子约好去探望门墩儿。门墩儿右腿膝盖半月板的伤挺重,不过毕竟是常见的运动损伤,住院观察一天就出院了,腿上打了厚厚的绷带在家休养。小灵通和竹子去探望他，同时也给他补习落下的功课。

一路上小灵通跟竹子说，门墩儿这几天估计憋坏了，平常他特别活泼，整天活蹦乱跳，有点少儿多动症的架势，这几天腿受伤了非得郁闷死。竹子掩嘴笑着说少儿多动症那是因为缺锌，补点锌就能好。小灵通说："这好办啊，一会咱俩去买几节电池，让他多啃点电池皮①就好了。"

门墩儿在家正吃着核桃上着网呢，突然打了个喷嚏，心说这是谁在背后说我坏话了？

小灵通和竹子来到门墩儿家，向孟叔叔和宋阿姨问过好，一看门墩儿这几天胖了不少，脖子都快没了。小灵通说："你可不能这么颓废下去啊，校队还等你伤好了重整河山呢。"门墩儿说："那可不，谁让咱是校队的擎天柱呢？赶紧帮我补课吧。竹子麻烦你先帮我补数学，小灵通，那边是我夹开剥好的核桃，你慢慢吃，一会帮我补

---

① 电池皮的主要原料是锌。

语文。"

刚坐到书桌旁,竹子"啊"的一声捂住了眼睛。小灵通伸过头去一看,赶紧手忙脚乱地抄起鼠标关了一大堆电脑屏幕上少儿不宜的网页。

"我说门墩儿,你不是刚才夹核桃不小心把脑袋也伸进去了吧?咱们都是小学生呢,你在家上网看这个?"小灵通质问道。门墩儿急得满脸通红:"对天发誓,我可是清清白白的好孩子,刚才就是浏览足球比赛的网页呢。谁知一转眼的工夫,就多出这么多乱七八糟的东西来。"

这时竹子放开了眼睛,脸还有点红红的,说:"勇凌你冤枉孟家栋了,这么多乱七八糟的网页,一看就是电脑中了木马,自动弹出来的。这样,你俩先去那边复习语文,我杀了这些木马,再给电脑装个防火墙软件,就没问题了。"

检察官提示

目前我国网络不良信息主要包括淫秽色情、恐怖暴力、邪教、赌博、反动、迷信、诽谤、谎言、谩骂等有害信息。对于未成年人而言，接触的不良信息主要是暴力、色情、恐怖等内容，根据有关调查数据显示，这些占其接触的不良信息的57%。网络不良信息对未成年人的危害很大，最大的危害是可能引发未成年人犯罪心理倾向和犯罪行为。

从家庭教育角度来说，首先，家长要严于律己，以身作则，不做有违网络文明和网络道德的网络活动；其次，对孩子在家中的上网活动，家长既不能任其遨游、放任不管，也不能因噎废食、完全禁止，在一定控制和监督下可以允许孩子适当上网；再次，作为家长，还要掌握一定的电脑网络知识，只有这样才能有针对性地做好疏导工作，才能向孩子推荐健康、文明、有益的网站；最后，可以在家用电脑上装一套合适的防黄、扫黄软件，建立起一道

"防黄屏障",避免孩子主动或被动地遭受网络不良信息的侵害。

从学校教育角度来说,一方面,学校要开设网络安全防范教育课,并加强网络法制教育;另一方面,学校要加强网络道德教育,在德育课中补充网络道德教育方面的内容,给学生以正确的引导。

看着竹子在电脑上熟练操作的背影,门墩儿低声说瞧不出这小姑娘能耐还不小。小灵通说:"那是,不想想人家爸爸是干啥的?家学渊源啊。哎哎,别走神,我给你讲这个成语的用法呢。"

第十六章
逃出生天

门墩儿的一声呻吟，打断了小灵通的回忆，他的意识再次回到了囚禁他们的这间屋子里。看着门墩儿慢慢醒来，小灵通的眼泪不由自主地再次流了下来。

小灵通还记得刚刚开学的时候，门墩儿的腿完全恢复了，一个假期的苦练，让他的脸色变得更加黝黑发亮。门墩儿信心满满地说，"新一轮市小学生足球联赛秋天开始，今年校队又补充了两名好前锋，明年这个冠军我门墩儿拿定了，哈哈哈……"小灵通挤兑门墩儿说："这个我相信，前提是某人身上一定要带好指南针，射门前先仔细看好方向"，气得门墩儿拿拳头狂砸小灵通。

可是就是因为自己这次犯下的大错，门墩儿可能永远失去了拿冠军的机会。看书上说，人死之前，记忆会异常清晰，人生的一幕幕就像放映电影一样从眼前闪过。自己刚刚回忆了这么多东西，差不多是自己和竹子、门墩儿在一起经历的全部事情了，莫非说……我们真的要死了吗？小灵通的心渐渐地沉了下去。

这时竹子也嘤咛一声，睁开了她已经哭得红肿的双眼，月牙般美丽的双眼已经失去了往日的神采，但是看着小灵通的目光，仍然充满了希冀。

看到竹子的眼睛，小灵通心中一震。"呸呸呸，马勇凌，亏你还是个男子汉。这可不是主动放弃的时候，仔细观察观察四周，好好想想办法，哪怕是死马且当活马医呢。哼，不就是一间破屋子吗？我还不信就没辙了，反正我们仨非得看到明天早上的太阳不可！"

小灵通稳了稳心神，仔细打量起这间屋子来。屋里没有钟表，但是看外面的星光，应该是接近午夜时分了。从外面马路传来的声音判断，这间屋子客厅窗

第十六章 逃出生天

户冲着马路。由于这座楼比较破旧,从刚才被捆进来之前看到的情况分析,住户应该不会剩下很多了。因为那时大概九点,楼里却没几家有灯光。

小灵通叹口气,要是楼下住人就好了,这样他们三个就在上面玩命蹦跳折腾,楼下的邻居肯定会上来查看,看到没人开门八成会报警,那样就有救了。问题是,刚才被押进来时,他清楚地看到这家楼下没灯光。

小灵通滚到墙边,借助墙努力站起来,然后一蹦一跳地蹦到窗户前,发现窗户关得死死的,他们这个样子没法打开。虽然他们的嘴没有被堵上,但是就这样冲外面呼救的话,根本不会有人听到。窗户外面是马路,偶尔会有车辆经过。不远处停着一辆车,不过看起来没人的样子。这时,小灵通回头看到了客厅的灯,是那种老式的灯绳式的开关,而且灯绳的位置特别低。小灵通心中一阵狂喜,告诉竹子和门墩儿像他一样站起来。

不一会儿,三只"袋鼠"就蹦到了灯绳下面,小灵通抬头，轻松咬住了灯绳，算了算高度，门墩儿个儿高，肯定没问题，即使是竹子也能勉强咬住。于是小灵通告诉他俩，像他这样，三个人轮流做。

只见小灵通抬头咬住灯绳，一下一下拽灯绳，灯泡有节奏地亮了三下，然后小灵通稍等一小会儿，再次拽灯绳，灯泡再次有节奏地亮了三下。小灵通告诉他们，这就是国际上通用的求救信号：SOS。这当然是叔叔教给他的东西，没想到在今天居然能够派上用场。

"瞧，我果然是个小机灵鬼儿吧？现在，我们三个轮流来拽这根灯绳吧，一个人累了换下一个。至于其他的，我们只有祈祷了，祈祷灯泡不会坏，祈祷外面路过的车能看懂这个信号并替我们报警，当然，有辆巡逻的警车经过是最好了。不过，无论成功还是失败，记住，我们永远是'铁三角'。"小灵通故作轻松地说着，表情中略带一丝悲壮，竹子和门墩儿眼中也含着泪花。

第十六章　逃出生天

"好了，节省点体力吧。一、二、三，铁三角，开始！"

也不知过了多长时间，三个孩子的嘴角都被磨出了血，每个人接替前一个人时，都能尝到灯绳上浓浓的血腥味，门墩儿开玩笑说："这回咱们铁三角的血总算融合到一起了。"

这时，房间突然响起了敲门声，声音不大，但是对于三个孩子来说，宛如天籁。三个孩子用尽最后的力气高呼："救……命……"

外面一阵嘈杂，有人说队长，咱们没带开锁工具啊，赶紧派人去局里拿一个？这时一个熟悉的声音说："不用那个，你们谁身上有钢镚儿吗？五毛钱那种就行。"

门打开了，第一个映入小灵通眼帘的，竟然是叔叔熟悉的面孔，这是幻觉吗？小灵通再也支撑不住，晕了过去。

铁三角醒来，已经是一天之后的事情了，叔叔就坐在他们病床边，赞扬他们的机智和勇敢。原来这次行动是公安部挂牌督办的全国打击利用流浪儿童犯罪的统一行动，本市预定的收网时间就是他们深陷危险的那天深夜。

那个晚上，本市控制、利用流浪儿童的几个犯罪团伙被一网打尽。由于人手不足，叔叔以及一些同事也被市局借调去参加这个行动。叔叔他们设伏的地点就是那座楼对面，因为关小灵通他们的那间空屋正是那个犯罪团伙的联络点之一，当时叔叔就埋伏在小灵通看到的那辆好像没人的车里面。由于那个团伙的老大临时改变主意去市里花天酒地，他们扑了个空。

事实上，小灵通他们刚刚发出灯光信号，叔叔就注意到了。不过当时他们没敢轻举妄动，直到过了午夜，传来那个老大落网的消息，他们才赶上来看看是什么情况。

小灵通叹了口气："早知道你们在下边，我们就不用费那么大劲了。"叔叔正色道："不是的，你们发出的求救信号救了自己一条小命。你想啊，如果你们不发出信号，我们收到那个老大落网的消息可能就撤退了，没人会上去查看。要是那帮人没供出你们来，过个三五天，你们不都完了。"门墩儿插嘴说："没错，我们非得饿成木乃伊不可。"

"还有，你们录下的那段犯罪团伙施虐的录音，是非常重要的证据，为我们节省了不少审讯的时间。"叔叔夸道。

录音？小灵通丈二和尚摸不着头脑。"就是从竹子鞋里面找到的那支录音笔啊。"原来如此，敢情一开始偷听那会儿，竹子怕归怕，仍然开启了录音笔，最后不知啥时候塞鞋里面了，最后还故作哭天喊地，没让这支录音笔被搜去，行啊，蛮聪明的嘛。小灵通心中想着，扭过头去，再次看到了那双月牙般美丽的眼睛笑眯眯地看着他，当然，还有两个漂亮的小酒窝。

"好了，不说这些了。你们看，谁来看你们了？"

病房房门打开了，几位家长眼圈通红地走了进来，三个孩子顾不得矜持，一下子飞入了自己父母的怀抱。

小灵通、竹子、门墩儿三个人不仅机智地逃脱了歹徒的魔窟，还帮助警察叔叔解救了好多流浪儿童。这些流浪儿童暂时由本市民政部门监护，不久以后就会去福利院或者重返亲人的身边。铁三角的故事传遍了整个学校和城市。

在我国，流浪儿童是指由于各种原因没有父母或监护人的抚养，因而在社会上流浪，以乞讨或其他各种方式养活自己的儿童。流浪未成年人是社会弱势群体，他们生活在街头，衣食无着，处境艰难，合法权益难以得到充分保障。他们容易被犯罪分子利诱和利用，误入歧途，影响社会秩序和国家治理。

目前，我国设立了多种形式的流浪儿童收容教育机构，在减少流浪儿童数量和反复性流浪问题上作出了重要贡献。流浪儿童是一个社会问题，需要全社会的关爱，需要我们每一个人来伸出援手。

法条链接

《中华人民共和国未成年人保护法》

第九十六条（第二款） 县级以上人民政府及其民政部门应当根据需要设立未成年人救助保护机构、儿童福利机构，负责收留、抚养由民政部门监护的未成年人。

好了，亲爱的小读者们，铁三角的故事，到这里就告一段落了。以后我们还会听到他们长大后更多精彩的故事。